マネジメントの理論と系譜

MANAGEMENT THEORY AND GENEALOGY

松尾洋治・山﨑敦俊・岡田行正

同文舘出版

はしがき

　近年，少子化による 18 歳人口の減少が進行する一方，大学進学率の上昇も相まって，従来までの大学教育のあり方は大きな変化を求められている。また，そうでなければ大学自体，生き残れないといった現状に直面している。他方，文部科学省からは「大学教育の質保証」が求められ，加えて地域経済の活性化における大学の役割もクローズアップされ，地元産業界・企業団体等との連携事業の推進なども要請されている。

　こうしたなかで大学の社会科学系学部，とりわけ経済学部・商学部・経営学部といった学部では，低学年次からフィールドワークを取り入れた授業も展開されている。また，経営学・商学・会計学といった分野は，実践的色彩の強い学問領域であるため，大学生には具体的なケーススタディやインターンシップなどを通じた現場体験による学習が好まれる傾向にある。

　もちろん，「実践なき理論は空虚であり，理論なき実践は無謀である」といわれるように，社会科学の領域でも，理論と実践の両面からのアプローチは不可欠である。しかし，とかく難解でとっつきにくいイメージが抱かれる理論の学習は，いまや大学生には敬遠されがちである。

　日本の実業界やビジネスの世界に目を転じてみると，「キーワード時代」を反映するかのように，新たな用語や造語が次々と生み出されては，瞬く間に消え去っていくといった状況にある。実際，新聞やテレビ，雑誌，インターネットなどの媒体を通して，最新の経営学・商学・会計学の用語に遭遇する機会は，年を追うごとに増えている。これは，グローバル化や少子高齢化，人口減少，都市と地方の格差，IoT や AI など情報・科学技術の進展といった急激な環境変化への対応を余儀なくされている各業界・各企業の混迷と模索の現れと解することもできよう。

　しかし，新聞やテレビ，インターネットという媒体を通して最新の用語を追っているだけでは，表層的かつ断片的な知識の習得に終始し，流行現象なのか否かなど物事や事象を見定める視点も自身の経験に基づく近視眼的傾向

に陥るのは明らかであろう。結果，先人たちによって長い年月をかけ蓄積・進展してきた理論の体系や枠組み，理論発展の大きな流れを身につけたことにはならず，まして経営学・商学・会計学的な視点やアプローチの獲得にも繋がらない。先学によって構築された理論を踏まえた新たな視点や研究が，その領域の研究を前進させ，またそうした研究を土台にして後進が未開拓の領域を探求し，フロンティアを推し進めるからである。

　本書は，このような現状に対する問題意識を共有する執筆者によってまとめられている。そのため，各分野における中心的な理論体系や枠組み，理論の発展過程，欠くことのできない重要な着眼点や視点について論考されている。

　また，本書は，経営学・マーケティング・会計学を初めて学ぶいわゆる初学者を対象としており，人的資源管理論，労使関係論，マーケティング・マネジメント，消費者行動論，財務諸表論，国際会計論を専門領域とする大学教員によって執筆されている。各章とも執筆者各自が担当する講義を想定し（ここでは広島修道大学商学部経営学科の学生），各授業15回のなかでも，受講者である大学学部生に最低限知っておいてほしい，理解しておいてもらいたい，伝えたい内容を1章ずつコンパクトにまとめている。それゆえ，ひとつの専門領域に焦点を絞って全章が構成される一般的なテキストとは異なり，本書は各分野のエッセンスが凝縮されている。

　各章は，次のような内容から構成されている。
　第1章「人事管理理論の発展と関連諸科学」では，アメリカで生成した人事管理理論が，人間関係論的人事管理理論，行動科学的人事管理理論，人的資源管理論，戦略的人的資源管理論，およびタレントマネジメント論と発展していく過程のなかで，経営学と関連する諸領域からどのような影響を受け，各段階の理論が体系化されたかについて論考している。その際，各段階の代表的な理論を取り上げながら，各理論の骨子となる「労働者観」「管理対象」などに注目して，人事管理理論の発展過程を歴史的な観点から概観している。
　第2章「労使関係と労使関係管理理論」では，まず労働組合の起源や労働組

合の組織類型，労資関係と労使関係，労使交渉における交渉力について解説する。そのうえでアメリカにおいて発展した労使関係管理理論が，各時代の社会的・経済的・政治的背景と経営学の関連諸領域および労働関係法規との関わりのなかでどのように発展していったかについて考察している。

第3章「マーケティング理論の実用性」では，企業のマーケティングが4Psを利用して，市場交換における不確実性や偶然性を可能な限り取り除き，交換を実現・促進させる活動であることを概説する。そのうえで，一歩引いたメタ的な視点から，マーケティング活動にかかわる知識や理論自体の実用性について考察することを通して，マーケティングの理論や知識を学習し，身につけることは果たして実践に役に立つのか，役に立つとすれば，それはどのような意味においてかを検討している。

第4章「限定合理性と消費者行動研究」は，学問としてのマーケティングの下位領域である消費者行動研究における認識の方法に焦点を当てている。消費者行動は，原因と結果の関係性が一義的に決まりにくく，因果的に説明し，予測しようとすると特有の困難さがともなう。その意味で，複雑な現象であるといえる。本章の目的は，この複雑な現象を捉えるための方法を模索することであり，消費者という人間を扱うひとつの科学領域として，それをどう理解し，説明し，予測することができるのかを検討している。

第5章「財務諸表論の会計構造論的基盤」では，まず会計学に属する各専門領域の扱う内容と関連性について概説する。そのうえで，財務諸表論における会計利益計算の基礎にある諸概念を取り上げて，会計構造（期間損益計算構造，発生主義，収益費用アプローチ，資産負債アプローチ）と収益会計の発展を概観していく。また，ステークホルダーへの情報提供を目的とする利益計算と会計基準の展開に底流する「概念フレームワーク」についても論考している。

第6章「国際会計の潮流と諸理論」では，国際会計基準をめぐる理論的展開に触れ，国際的な会計基準とのコンバージェンスの動向を概観する。コンバージェンスにおいては，①包括利益の組替調整，②のれん償却の是非が重

要な論点とされている。前者については，包括利益の計算構造と組替調整に注目し，概説している。後者に関しては，規則償却を行うか減損処理に委ねるかといった手法がとられ，現代会計における減損会計の役割は大きい。減損会計についても，このような視点から取り上げて論考している。

　以上のように，本書では各分野の代表的な理論とその特徴，諸理論の変遷などの概説に主眼をおいているが，そもそもなぜ理論を学習することが大切なのか，また各分野のなかで細分化されている複数の専門科目の相互関係についての解説にも紙面を費やしている。したがって，現代の日本の産業界や各業界・企業が抱える諸課題については直接的に扱っていない。しかし，各章とも現在の動向を見据えたうえで，各分野における諸課題に底流する根幹的要因の解明や解決策の糸口となる手がかりを提示することも念頭に置いて執筆されている。

　その意味で，本書は大学学部生のみならず，大学院生にとっては各分野の理論系譜を概略的に整理・把握するうえで，また実務家やビジネスパーソンの方々にとっては，実際のビジネスの場で起きたことや起こっていることとどのような関連性をもって各分野の理論が進展してきたのか理論と実践の両面から相互的に理解・確認するといった点で，何らかの示唆を提供することができれば，執筆者一同，望外の喜びである。今後，読者の方々から忌憚のないご批判やご教示をいただければ幸いである。

　最後に，当節の厳しい出版事情にも関わらず，本書の刊行をご快諾いただいた同文舘出版の中島治久社長をはじめ市川良之取締役，編集・校正作業などで多大な配慮を賜った青柳裕之氏と有村知記氏に心よりお礼を申し上げたい。

2018年12月

執筆者一同

マネジメントの理論と系譜　目次

第1章　人事管理論の発展と関連諸科学

- **I 分析視角** ... 2
- **II 科学的管理と人事管理論** ... 2
- **III 人事管理論** ... 5
  - **1** 人事管理論の成立　5
  - **2** 人間関係論と人事管理論　6
  - **3** 行動科学と人事管理論　8
- **IV 人的資源管理論** ... 9
  - **1** 経営戦略論と人的資源管理論　9
  - **2** 戦略的人的資源管理論　12
- **V タレントマネジメント論** ... 14
- **VI むすび** ... 18

第2章　労使関係と労使関係管理論

- **I 分析視角** ... 26
- **II 労働組合と労使関係** ... 26
  - **1** 労働組合の起源と組織類型　26
  - **2** 労資関係と労使関係　27
- **III 労使関係と交渉力** ... 28
- **IV 労使関係管理論の発展** ... 30
  - **1** 協調的労使関係思想の萌芽　30
  - **2** 人事管理論における労使関係管理　33
  - **3** 人間関係論と労使関係管理論　37
  - **4** 行動科学と労使関係管理論　39

5 現代における労使関係管理の動向　42
Ⅴ むすび　44

第 3 章　マーケティング理論の実用性

Ⅰ 分析視角　50
Ⅱ マーケティングとは何か　51
Ⅲ 市場の不確実性とマーケティング　53
 1 市場での交換　53
 2 市場の不確実性とマーケティングの役割　54
Ⅳ マーケティング理論の限界　56
 1 フェランの主張（2013）の概要　56
 2 将来の予測の不可能性について　58
Ⅴ マーケティング理論の実用性　60
 1 予測は理論を必要とする　61
 2 将来の正確な予測の不可能性　63
 3 理論は役に立たないのか　65
Ⅵ むすび　68

第 4 章　限定合理性と消費者行動研究

Ⅰ 分析視角　74
Ⅱ 消費者と消費者行動　75
 1 消費者とは　75
 2 消費者行動とは　75
Ⅲ 購買行動と購買意思決定プロセス　77
 1 購買意思決定モデル　77
 2 購買意思決定プロセス　78

Ⅳ 完全合理性と限定合理性 ································ 82
1 完全合理性　82
2 サイモンの限定合理性　83
3 決定論的予測に対する懐疑　85
Ⅴ 非決定論的世界における科学の認識 ························ 87
1 決定論的予測が通用しない現象の領域　87
2 複雑現象とパターン認識　89
Ⅵ むすび ································ 91

第 5 章　財務諸表論の会計構造論的基盤

Ⅰ 分析視角 ································ 98
Ⅱ 会計構造論の背景と発展 ································ 101
1 口別利益計算構造と期間損益計算構造　101
2 現金主義的利益計算構造と発生主義的利益計算構造　103
Ⅲ 利益概念の諸相 ································ 104
1 収益認識の論点　104
2 財産法的利益計算構造　109
3 損益法的利益計算構造　111
4 資産負債観と収益費用観　112
Ⅳ 概念フレームワークの役割と形成 ································ 113
1 概念フレームワークの役割　113
2 ASBJ 概念フレームワークの意義　115
Ⅴ むすび ································ 118

第 6 章　国際会計の潮流と諸理論

Ⅰ 分析視角 ································ 124

II 国際会計基準をめぐる理論的展開 ································· 127
III 包括利益会計基準の体系理論 ··································· 130
 1 包括利益の立脚点　130
 2 公正価値とその他の包括利益　130
 3 組替調整（リサイクリング）の意義　136
 4 表示方式に関する項目　137
IV 減損会計基準の体系理論―減損会計導入の背景― ················ 139
V 減損会計をめぐる業界意見 ····································· 143
VI むすび ··· 144

事項索引　149
人名索引　153

マネジメントの理論と系譜

第 **1** 章

人事管理論の発展と関連諸科学

Ⅰ 分析視角

　アメリカにおける人事管理の理論は，人事管理論，人間関係論的人事管理論，行動科学的人事管理論，人的資源管理論，戦略的人的資源管理論，およびタレントマネジメント論といった段階的な発展を示している。各段階の理論は，各時代の社会的・経済的背景，とりわけ関連諸科学の発展とのかかわりのなかで発展し，体系化されている。また，人事管理の各理論は，労働者をどのような存在ととらえるかといった「労働者観」を基盤に形作られており，この「労働者観」が具体的に何を管理の対象とするのかといった「管理対象」のとらえ方にも作用して，各理論を特徴づけている。

　本章では，人事管理の発展段階を代表する各理論を取り上げ，それぞれに影響をあたえた関連諸科学，そして「労働者観」と「管理対象」に注目しながら，その特徴を歴史的な視点から概観していく。

Ⅱ 科学的管理と人事管理論

　近代的労務管理は，大企業による独占資本の台頭と労働組合運動とを主要な2つの契機として，世界でもっとも早く，しかも典型的なプロセスで19世紀末から20世紀初頭のアメリカにおいて成立した。資本主義体制の下で大企業が独占状態に入り，企業が大規模化・複雑化したアメリカにおいて，企業経営はもはや従来どおりの場当たり的な勘と経験による成行管理（drifting management）では維持できなくなり，組織的・体系的・計画的な管理が不可欠になったからである。

　テイラー（Taylor, F.W.）の科学的管理（Scientific Management）[1]は，こうした企業側の要請に応えると同時に，当時企業が直面していた組織的怠業（systematic soldiering）の克服を目的として登場した（Taylor, 1903, pp.30-

32 邦訳, 62〜64 頁)。それゆえ，テイラーの問題意識は，一貫して組織的怠業にみられるような険悪な労使関係をいかにして協調的な方向へ変革していくかという点に置かれている。

そのため，テイラーは，「課業決定（task-setting）の科学性・客観性」と「高賃金・低労務費」（high wages and low cost）によって，従来までの成行管理からの脱却と組織的怠業の克服を試みている。「課業設定の科学性・客観性」とは，ストップウォッチを用いて工場労働におけるもっとも合理的・能率的な作業手順や工程を調査する動作・時間研究（motion and time study）によって，「労働者の1日の公正な仕事量」を課業として設定することを意味している（Taylor, 1922, p.637 邦訳, 3〜5 頁)。

また，当時の一般認識であった「経済人モデル」（economic man model），すなわち「人間は賃金などの経済的報酬が最も刺激的で動機づけられる存在」ととらえる「労働者観」を基盤として，課業に差率的出来高給制度（the differential rate system of piece-work）を適用させることによって組織的怠業を克服しようとした（Ibid., pp.636-638 邦訳, 4 頁）。つまり，設定された課業よりも作業能率や生産性を増大させた労働者には高賃金を，そうでない労働者には定額の最低賃金を支払い，これは同時に経営者にとっても低労務費を実現できると考えたからである（Taylor, 1903, pp.58, 63-64 邦訳, 86, 91〜92 頁）。

加えて，テイラーは，課業設定とその実現のために職能的職長制度や計画部制度，指導票制度の導入も提起している。

このようなさまざまな取り組みは，課業管理（task management）を中核に展開されており，したがって科学的管理の「管理対象」は，課業管理を中心とした労働そのものを総体的に管理する「労働管理」ととらえることができる。

一方，人事管理の成立には，労働組合による科学的管理法への強い批判と抵抗が大きく影響している。それは，第1次大戦後の労働組合の飛躍的な発展を背景に，科学的管理を導入した多くの企業に対する労働組合からの非

図表 1-1　科学的管理の経営学各分野における意義

経営学の各分野	科学的管理にみられる内容・事項・ポイント
	各分野における科学的管理の意義
経営組織論	職能的職長制度・計画部制度
	組織構造・組織設計・組織編成について提唱
経営管理論	成行管理からの脱却と課業管理によるマネジメントの確立
	企業経営におけるマネジメントの重要性の指摘
生産管理論 工業経営論	動作・時間研究による課業設定，指導票制度
	製造業・製造現場での生産方法と管理手法の確立
賃金論 会計学	差率的出来高給制度
	賃金支払い形態の提示
人事管理論 人的資源管理論	労働組合による科学的管理への批判として労働者の機械視・労働者の人間的側面への配慮の欠如
	上記批判点の克服ために人事管理の成立，人事部門の設置
労使関係論 労使関係管理論	組織的怠業にみられる険悪な労使関係の改善 「高賃金・低労務費」の理念，「精神革命」による労使協調
	協調的労使関係思想の萌芽
経営学史 経営学説史	課業設定，課業管理
	マネジメント概念の確立，テイラー="経営学の父"

出典：筆者作成。

難，すなわちストップウォッチを用いた動作・時間研究などは「労働者を機械と同一視している」証左であるという批判を無視できなくなり，科学的管理そのものに対する見直しが迫られたからである[2]。こうした労働組合による科学的管理への批判や攻勢に対して，テイラーは協調的な労使関係を構築するうえで，労使双方の「精神革命」(mental revolution) の必要性を次第に高唱していくことになる。

　他方，産業心理学 (Industrial Psychology) の発達も労働者の人間的側面への配慮が欠如していることを露呈させ，これによって新たに労働者の人間的取り扱いを基本理念とする人事管理が科学的管理の新展開として成立して

いく（岡田，2008，280頁）。こうした意味において，科学的管理は人事管理が生成する前段階的な役割を果たしたと把握できる（**図表1-1**）。

人事管理論

1 人事管理論の成立

19世末からの巨大化した企業における大量生産方式の現場は，大量の半熟練・不熟練労働者によって支えられていた。しかし，彼らの置かれていた劣悪な労働環境と雇用環境への不満は労働組合運動となってあらわれ，それは福祉運動（Welfare Movement）と結びつくことによって，企業内に福祉係が設置されるようになった（前掲書，280頁）。この福祉係は，その後福利厚生部門となり，当時の産業民主主義の普及を背景に労働者を「人間的存在」（human being）ととらえる新たな認識と，それを裏づける産業心理学によって，全人的な意味を包摂するパーソネル（personnel）という新たな概念のもとにすべての人事労務諸施策が統合されていく（前掲書，280頁）。そのため，福利厚生部門は雇用部門に統合され，ここにはじめて労働者が保有する労働力の管理を主要職能とするスタッフ部門としての人事部門（personnel department）が，生産・販売などの他の職能と並ぶ重要な職能と認識され，独立した一部門として設置されていった（前掲書，280頁）。

こうしたなかで，最初の体系的・包括的な人事管理論とされるティード＆メトカーフ（Tead, O. and H.C. Metcalf）の著書『人事管理』（*Personnel Administration : Its Principles and Practice*, 1920）が著された。

ティード＆メトカーフは，人事管理の目的とは終局的に最大限の生産確保，すなわち労働力の能率的活用にあるが，その目的達成のアプローチとして労働者を心理的存在と理解し人間労働への心理学的接近を試みている。その際，パーソナリティ（personality）概念を提起し，労働者個々が包摂する

基本的欲求に注目することによって勤労意欲の喚起や労使対立の緩和を目指している。そのため、「人事管理とは、最小限の努力・対立（a minimum effort and friction）と労働者の真の福祉（the genuine well-being of the workers）への適切な考慮によって、必要最大限の生産を確保するために、その組織の人間的諸関係を指揮・調整することである。（Tead and Metcalf, 1920, p.2)」と定義している。

また、産業心理学の諸成果を応用して、採用、配置転換、昇進、管理者訓練および従業員訓練、安全衛生、また職務分析など「労働力管理」を基調とした個別的な労務管理手法を重視しながら、苦情処理や工場委員会・従業員団体・団体交渉などの集団的関係手法を補完的に取り入れることを提示している。

このように、ティード＆メトカーフ理論は、労働組合運動や福祉運動の高揚という現実を前に、労使対立緩和のために労働者の基本的欲求に注目し、「労働者の真の福祉への配慮」の重要性を人事管理の定義にすえている。しかし、彼らの理論は、あくまでも「経済人モデル」という「労働者観」を基盤に体系化されており、労働者の保有する労働力を「管理対象」とする「労働力管理」を人事管理の中心課題ととらえ、労働力の最高能率的活用の達成が目的とされている。

2 人間関係論と人事管理論

1930年代から1940年代にかけて、メイヨー（Mayo, G.E.）やレスリスバーガー（Roethlisberger, F.J.）を端緒に展開されたのが人間関係論（Human Relations）である。人間関係論は、個人的事情と職場における人間関係によって規定される感情が勤労意欲＝モラール（morale）に重大な作用を及ぼすこと、組織とは「公式組織」（formal organization）と「非公式組織」（informal organization）の二重構造からなっており、この「非公式組織」が組織の有効性に影響をあたえることを実証研究から明らかにした。

「公式組織」とは「費用の論理」（logic of cost）や「能率の論理」（logic of

efficiency）に基づき職位の相互関係や命令系統を明確化する，いわば組織図にあらわせるような組織であるのに対して，「非公式組織」は「感情の論理」（logic of sentiments）から自然発生的に形成される組織である。

　こうしたことを踏まえて，人間関係論はそれまでの「経済人モデル」に代わる「社会人モデル」（social man model），すなわち「人間は集団への帰属や所属集団からの承認・評価を望む社会的存在」ととらえる「労働者観」を提示したところに本質的意義を見出せる。

　このような人間関係論の研究成果は，人事管理論にも影響をあたえ，新たに人間関係論的人事管理論が体系化されることになる。その代表的な文献が，ピゴーズ＆マイヤーズ（Pigors, P. and C.A. Myers）の著書『人事管理』（*Personnel Administration : A Point of View and a Method*, 1947）である。

　ピゴーズ＆マイヤーズの人事管理論は，「最良の経営とは，つねに多くの人びとの協働を確保していくこと（Pigors and Myers, 1956, p.5 邦訳, 18頁）」という認識を前提にしている。企業の経営目的達成に向けて，労働者の保有する能力を最大限発揮させるという観点から，労働者のチームワークや協力関係の形成を重視しているからである。そのため，ピゴーズ＆マイヤーズ理論では，労働者は集団への帰属や所属集団からの承認・評価を望む「社会的存在」（social being）であると把握され，労働者の社会的欲求を充足することによって，労働者の協働を確保するための人間関係管理手法が積極的に取り入れられている。

　また，労働者の人間的欲求の発露という観点からも，労働組合の存在を肯定しており，協調的労使関係とチームワークの醸成のために，提案制度・労使共同委員会制度・労使協力制度・団体交渉・苦情処理などが有効な施策として提唱されている。

　それゆえピゴーズ＆マイヤーズは，「人事管理とは，労働者がその労働から最大の満足を得ると同時に，企業に対して最大の貢献をなし得るように彼らの潜在能力を育成・発展させる方法である。（*Ibid*., p.12 邦訳, 23頁）」と定義し，労働者の労働意思への対応を重視した協力関係形成を手段目的として労

働力の能率的活用という終局目的の実現を図ろうとする「協力関係形成説」の立場を打ち出しているところに（森, 1976, 69頁），特徴を見出すことができる。このように人間関係論的人事管理論では，「社会人モデル」に基づき，労働力を保有する労働者そのものを「管理対象」とした「労働者管理」へと移行している。

3 行動科学と人事管理論

1950年代以降から発展した行動科学（Behavioral Science）は，組織における人間行動を共通の研究対象にしており，人間関係論が「非公式組織」に注目したのに対して，行動科学は「公式組織」を対象に人間行動を解明しようとしたところに大きな違いが見出せる。また，行動科学の諸理論は，「自己実現人モデル」（self-actualizing man model），すなわち「人間は終局的に自身の可能性や潜在能力などを最大限発揮して，自己実現の欲求を満たそうとする存在」ととらえる「労働者観」に立脚して展開されている。

ここには，当時のアメリカにおける産業構造の転換によって，ブルーカラーよりもホワイトカラーの数が増加し，労働秩序にも新たな変化が生じはじめてきたという事情も影響している（菊野, 1982, 101〜102頁）。つまり，それまでの人事管理は，生産現場のブルーカラーを対象にしてきたが，産業構造の転換によってホワイトカラーを主たる対象とするのに伴い，従来までの「経済人モデル」や「社会人モデル」では通用しなくなったからである。

それゆえ，行動科学研究では，人間的諸欲求・動機づけ分析による「労働者管理」，とりわけ労働者を小集団で管理しようとする「小集団管理」を「管理対象」としている点が特徴的である（森川, 1996, 319〜320頁）。

こうしたなかで発刊されたのが，メギンソン（Megginson, L.C.）の著書『人事労務』（*Personnel : A Behavioral Approach to Administration*, 1967）である。メギンソンは，行動科学の諸成果を人事管理に応用・導入する必要性を高唱し，実際にマズロー（Maslow, A.H.）の「欲求理論」，マグレガー（McGregor, D.）の「Y理論」，ハーズバーグ（Herzberg, F.）の「動機づけ—衛生理論」，

マックレランド（McClelland,D.）の「達成動機づけ理論」などに拠りながら（Megginson, 1967, pp.545-547），労働者をさまざまな個人的欲求を有する「多面的人間」（the whole man）ととらえ（Ibid., p.362），従来までの生産要素的理解や人間関係的理解とは異なる新たな「人的資源理念」（the human resources philosophy）を提示している。

「人的資源理念」とは，労働者の生産能力を一国あるいは企業の経済的資源であるとみなし，「人間的尊厳」重視の観点から労働者を組織における他の構成員との関係のなかでとらえようとする理念である（Ibid., pp.84-92）。ここには，一方でマクロ的視点から一国の経済発展における人的資源の経済的意義を把握する論理に従ってミクロ的視点からも企業成長にとっての「人的資源の経済的重要性」を強調し，他方で「人的資源の理念的重要性」への認識が，労働者に対する「人間的尊厳」（the human dignity）重視となってあらわれている[3]。

こうした認識に基づき，従来までの採用，教育訓練，能力開発，賃金管理などに加えて，公式組織における人間行動，組織行動と管理者の役割，参加的リーダーシップ，従業員コミュニケーション，動機づけ，従業員カウンセリングなどの具体的・実践的手法の体系化が試みられている。

このように，メギンソン理論は，行動科学研究の諸成果に基づいた理論的枠組みを提示しており，行動科学的人事管理論の枠を超えるものではないが，随所に人的資源管理論の嚆矢的な役割も見出すことができる（岡田, 2008, 250頁；岡田, 2011, 79～81頁）。

人的資源管理論

1　経営戦略論と人的資源管理論

1960年代に入ると，経営の中心に「戦略」概念が位置づけられるようにな

る。チャンドラー（Chandler, A.D, Jr.）の「組織は戦略に従う」という命題は，広く認知されるようになり，アンゾフ（Ansoff, H.I.）はチャンドラーから影響を受けながら，より実践的な立場から「戦略は組織に従う」という逆の命題を提示した。経営戦略論（Management Strategy）の登場である。その後，企業の多角化が進展すると，経営戦略論は多角化した事業間の経営資源の配分が主たる関心となり，1970年代後半からは経営戦略の実行（implementation）という問題が新たに浮上してくる（加護野，1985，3〜5頁）。経営戦略の実行に際して，組織とヒトとの関係が密接にかかわってくることから，戦略に適した組織構造や管理システム，またそれに伴う組織文化の構築が経営戦略の有効性を決める重要な課題として認識されはじめる（前掲書，5頁）。

こうした新たな経営戦略の視点が従来までの人事管理研究に取り入れられるようになり，1970年代からアメリカにおける包括的な人事管理テキストのなかに，人的資源管理（Human Resource Management : HRM）というタイトルを掲げる文献が数多く見受けられるようになる。また，1980年代に入ると，人事管理に代わって人的資源管理が一般的に使用される用語となっていく。このような流れのなかで，人的資源管理という用語の定着と確立に重要な役割を果たしたのがハーバード・グループである。

「人的資源管理」が，ハーバード・ビジネス・スクールのMBA課程に新たな必修科目として開設されたのは，1981年のことである。そのテキストブックとして同校のビアー（Beer, M.）やスペクター（Spector, B.）らによって著されたのが『人的資源管理』（*Managing Human Assets : The Groundbreaking Harvard Business School Program*, 1984）であり，ここにハーバード・グループのHRMモデルが展開される[4]。

ハーバード・グループは，まず人的資源管理を「企業と従業員，すなわち組織の人的資源との関係のあり方に影響をあたえる経営の意思決定や行動のすべてを統轄する（Beer et al., 1984, p.1 邦訳，2頁）」ものと定義し，HRMシステムを「従業員からの影響」「ヒューマン・リソース・フロー」「報酬システム」「職務システム」の4つの主要領域から構成されるシステムととらえて

いる（*Ibid.*, p.12 邦訳, 21 頁）。

　そのなかでも，従業員の募集・選考・採用・配置転換・昇進昇格・キャリア開発・雇用保障などを含む「ヒューマン・リソース・フロー」は，もっとも重要な領域と位置づけられている（*Ibid.*, p.9 邦訳, 15 頁）。企業を取り巻く経営環境がダイナミックに変化し，市場や技術が急激に変化していけばいくほど，従業員の数を増やすだけでなく，多才な能力を備え，環境からのさまざまな要求に適切に対応していける人材が必要となるからである（*Ibid.*, p.66 邦訳, 111 頁）。

　そのため，従業員を「社会的財産」（social capital）とする認識を前提に，従業員を先取り的投資として採用し，その後も利益の流れを生み出してくれる財（*Ibid.*, p.12 邦訳, 22 頁），すなわち「投資価値のある経済的資源」ととらえている。こうした「労働者観」は，従業員を変動費やコストと把握する考え方とはまったく異なっている。

　また彼らは，環境変化に対応できるような戦略的思考と戦略的発想，つまり企業経営における長期的な戦略的視点の重要性を強調している（*Ibid.*, pp.66-67 邦訳, 112 頁）。その際，日本企業の成長を成功モデルとして取り上げ，「日本的経営」とりわけ協調的労使関係に基づいた日本企業の高い生産性と優れた品質の達成に注目している点は特徴的である。そこでは，日本の大企業における「終身雇用システム」（Lifelong employment system）が高く評価されており，従業員の貢献意欲，従業員の能力，組織変革能力，企業文化，相互支援態勢の形成，企業の社会的役割といった6つの側面からの検証を通して，その優位性が説明されている（*Ibid.*, pp.100-105 邦訳, 173〜183 頁）。

　このようにハーバード・グループは，従業員すなわち人的資源を「投資価値のある経済的資源」とみる「労働者観」と「個別の労働者」を「管理対象」とする認識に立脚し，企業経営における長期的な戦略的視点を重視しながら，4つの主要領域から構成されるHRMシステムを一貫性または調和性のあるシステムとして統合化することを中心課題にすえた人的資源管理論を展開している。

2 戦略的人的資源管理論

　1980年を前後する頃から，経営戦略論において組織とヒトの問題も含んだより広い組織概念のなかに経営戦略の策定から実行までを位置づけようとする考え方，すなわち「戦略的経営」(Strategic Management) の考え方があらわれてくる。それゆえ，企業組織の成長・発展に伴う経営戦略の実行といった現実的・実践的な観点から，人事戦略が職能戦略の1つとして注目され位置づけられることによって，ヒトの問題が経営戦略においても次第に重視されるようになる。

　その後，ポーター (Porter, M.E.) に代表される「競争戦略論」(Competitive Strategy) が登場し，経営学や商学などのさまざまな研究領域に影響をあたえるようになるにつれて，もともと戦略的色彩を帯びていた人的資源管理研究においても「競争優位」(competitive advantage) の視点が取り入れられるようになる。そして，企業を「競争優位」に導く競争戦略実行の一側面として従業員にまつわる問題，すなわち経営資源である従業員＝人的資源を「競争優位」の源泉ととらえ，その管理や組織編成や制度設計などを重視した戦略的人的資源管理論（Strategic Human Resource Management：SHRM）が展開されていくことになる。

　こうした戦略的人的資源管理の嚆矢的理論が，ミシガン・グループのSHRMモデルである。ミシガン・グループとは，ミシガン大学のティッキー (Tichy, N.M.)，コロンビア大学のフォムブラン (Fombrun, C.J.)，ペンシルヴァニア大学のデバナ (Devanna, M.A.) などから構成される研究グループである。彼らは，人的資源管理という用語が一般化した1980年代初頭にあって，すでに『戦略的人的資源管理』(*Strategic Human Resource Management*, 1984) というタイトルで著書を発表しており，その意味でも先駆的である。

　ミシガン・グループは，まず企業戦略の実行と企業目的達成という観点から，人的資源管理がこれと連動することの重要性を強調している。そのため，「戦略」と「組織構造」と「人的資源管理」が企業の「戦略的経営」を構成す

る基本要素であり，この3要素の相互依存・補強関係を重視したSHRMモデルを展開している（Fombrun et al., 1984, pp.34-35）。

そのうえで，人的資源管理を「選考」「評価」「報酬」「能力開発」の4機能からなる循環システムととらえている。すなわち，規定された職務を遂行できる最適な人材を「選考」し，「報酬」を公正かつ最適に配分するため従業員の業績を適切に「評価」し，さらに「報酬」を業績と連結させることによって従業員を動機づけ，現時点での従業員の業績を向上させるためだけではなく，彼らが将来就く職位においても高い業績を達成できるよう従業員の「能力開発」を行う，というように業績と4機能との相関を説明している（*Ibid.*, p.41）。

さらに，この4機能を企業戦略との統合という観点から，「戦略的選考」「戦略的評価」「戦略的報酬」「戦略的開発」と提示し，分析している点は特徴的である（*Ibid.*, pp.43-50）。

「戦略的選考」とは，職務に最適な人的資源を選考・配置することが目的であり，企業戦略をサポートするための選考システムの設計や事業戦略と一貫性のある従業員配置を推し進めることであると指摘されている。「戦略的評価」については，既存の従業員の潜在能力を客観的に評価することによって人的資源予測を行い，それを戦略的な観点から人的資源計画に活かしていくことが重要である。これは「戦略的開発」とも関連しており，企業が将来必要とする従業員の能力を戦略的な観点から教育訓練ないしキャリア形成していくことと密接に結びついている。また，「戦略的報酬」に関しては，長期的な戦略目標を達成できるように内的報酬と外的報酬のシステムを構築することが主張されている。

このようにミシガン・グループは，戦略目的を達成するために，4機能から構成される人的資源管理を企業戦略と統合した循環システムとして構築・展開することを中心課題にすえた戦略的人的資源管理論の方向性を打ち出している。そこでは「戦略実行のための経済的資源」という「労働者観」と，「個別の労働者」を「管理対象」とした認識が基盤となっている。

タレントマネジメント論

 1990年代に入ると，経営戦略論の分野で経営資源に基づく競争優位性確保の理論，すなわちバーニー（Barney, J.B.）に代表される資源ベース理論（Resource Based View：RBV）が注目される。企業が持続可能な競争優位性を確保するうえで，模倣するために膨大なコストと時間を必要とする資源，あるいは「無形の資産[5]」こそが「持続的な競争優位」（sustained competitive advantage）の源泉になりうるという意味から，経営資源のなかでも人的資源に焦点が集まり，資源ベース理論は人的資源管理研究に多大な影響をあたえていく。

 その後，2000年代に入ると，人的資源管理研究の分野に新たなアプローチが登場する。それが，タレントマネジメント論（Talent Management：TM）である。タレントマネジメント論は，近年になるにしたがって注目を集めつつあり，それに呼応するようにタレントマネジメントを冠した著作や論文が数多く発表されている[6]。

 このような動きを広める端緒となったのが，マッキンゼー・アンド・カンパニー（以下，マッキンゼー）のコンサルタントであるエド・マイケル（Michael, E.），ハンドフィールド＝ジョーンズ（Handfield-Jones, H.），アクセルロッド（Axelrod, B.）によって著された『ウォー・フォー・タレント　人材育成競争』（*The War for Talent*, 2001）である。

 一般に，タレント（talent）とは，個人の保有する才能，スキル，知識，経験，知性，判断力，意識，性格，意欲を統合したもの，また学んで成長する力も含まれるが，優れた経営管理上のタレント（great managerial talent）は，鋭い戦略的思考，リーダーシップ，精神的成熟，コミュニケーション能力，有能な人びとを惹きつけ，その意欲を引き出す能力，進取の気性，実務能力，そして結果を出す能力を組み合わせたものであると提示する（Michael et al., 2001, p.xii 邦訳，23～24頁）。

そのうえで,「本書で用いる"タレント"とは,あらゆるレベルで会社の目標達成と業績向上を押し進める有能なリーダーとマネジャー（leaders and managers）を意味する。(*Ibid.*, p.xiii 邦訳, 25頁)」と定義している。つまり,マッキンゼーのいう「タレント」とは,優れた経営管理上の能力を保有する有能なリーダーやマネジャーといったマネジメント人材層のみに焦点が絞られており,ここに彼らのアプローチにおける最大の特徴を見出すことができる。

　このように「管理対象」として「優れたタレントを有するマネジメント人材」のみを対象とするマッキンゼーのアプローチには,彼らの次のような現状認識が底流している（*Ibid.*, pp.3-6 邦訳, 35〜39頁）。

　①工業化時代から情報化時代への移行,すなわち1980年代の情報化時代の幕開けによって,人材育成競争ははじまった。それに伴って「有形の資産」（機械,工場,資本）は,企業と消費者との独占的なネットワーク,独自ブランド,知的資産,人材といった「無形の資産」に比べて価値は下がった。そして,一流の知識労働者が生み出す価値の膨大さが認識され,知識労働者のなかでもとりわけ優秀な人材の需要が飛躍的に高まっている。

　②グローバリゼーション・規制緩和・テクノロジーの急激な進歩によって,ほとんどの産業の競争原理が変わってしまい,幅広い人材のなかでも,強力なリーダー人材の需要は増大する一方である。しかし,高年齢層のマネジャーが引退する2020年以降,マネジメント層の優秀な人材が不足してくる。

　③企業側が高度なスキルを持ったマネジャーを必要としていることに気づいたように,マネジャーの側も会社を変わることの利点に気づき始め,魅力的な転職先を求める機運が高まってきた。1980年代後半の人員整理によって,会社に忠誠を示せば職を保証するという「約束」は崩れ,90年代半ばには雇用機会が急激に拡大し,時を同じくして登場したインターネット掲示板やキャリアサイトなどで雇用に関する直接的な情報を大量に目にするようになった。そして,いまや転職に関する古いタブーは消滅し,履歴書に複数の企業名が並ぶことはキャリアとして評価されるようになっている。

　マッキンゼーは,上記3つの基本要因が今後何年にもわたって企業の競争

力を左右し続けるばかりか，マネジメント能力（経営管理能力）を有する人材確保の戦い，すなわち「人材育成競争」(the war for talent) が現実問題として以下の2つの大きな影響をもたらしていると指摘する（*Ibid.*, pp.5-6 邦訳，40頁）。

第1の影響が，給与・待遇交渉における主導権が企業から個人に移ったことである。有能な人材は，自分のキャリアへの期待を高めるための交渉権を握っており，その能力の値段はあがっている。

第2の影響は，優れたタレントマネジメント (excellent talent management) が，いまや「極めて重要な競争優位の源泉」(a crucial source of competitive advantage) となったことである。人材を引き寄せ，育て，意欲を引き出し，繋ぎ止めることができる企業は，他の企業よりも多くの優秀な人材を確保でき，業績を劇的に向上させることが可能となっている。

以上のような有能な人材を確保し，繋ぎ止めることの重要性と困難さをマッキンゼーは認識しつつも，実際に彼らが実施した企業管理者層へのアンケート調査では，「人材育成を自社の最優先事項に掲げている企業やCEO・上級マネジャーは回答者全体の26％にすぎなかった。（*Ibid.*, pp.10, 158 邦訳，44, 226頁）」という実態への危機感から，企業のトップ層・経営者層に向けて，高度で優れたタレントを有するマネジメント人材を惹きつけ，育成し，確保し，引き止めるための戦略的な行動指針として次の5つを提示する（*Ibid.*, p.10 邦訳，45頁）。

①マネジメント人材指向こそ経営層の要件
②人材を惹きつける魅力の創出
③リクルーティング戦略の再構築
④マネジメント人材が育つ組織
⑤人材マネジメントにおける選択と集中

その際，彼らは従来までと現在あるいはこれからの考え方や概念・アプローチなどの違いを比較・検証するとともに，ケーススタディなどをまじえながら，上記5つの行動指針それぞれの項目について，実践的な管理技法を提言

している。

　こうした行動指針や実践的管理技法には，「従業員価値（訴求）提案」（Employee Value Proposition : EVP）という概念が底流している。彼らによると，「EVPとは，優秀なマネジメント人材がその組織に所属し，活躍する意義を見出せるもの。すなわち，企業・組織がマネジメント人材を惹きつけられるような，提供すべきその企業・組織ならではの価値」（*Ibid.*, pp.43-44 邦訳, 115頁）とされている。

　また，マネジャーの満足度に影響をあたえるEVPの重要な要素として，「マネジャーたちは，第1に刺激的でやりがいのある任務につき，熱意をもって仕事に取り組みたいと思っていること。第2に，一流の企業で働きたいという希望をもっており，しっかりしたマネジメント，尊敬できるリーダー，成果主義，開放的で信頼関係に満ちた企業文化を求めていること。第3に，富を手に入れるチャンスを求め，個人的な努力に報いてほしいと思っていること。第4に，職を確保するためには，求人市場で求められるスキルと経験を積むほかないため，会社に対して自分のスキルを高める手助けをして欲しいと考えていること。第5に，自分の時間や家族との関わりを大事にできる仕事を望んでいること。」（*Ibid.*, pp.46-47 邦訳, 88頁）があげられている。

　つまり，このようなEVP概念を構成する上記5つの要素を重視しながら，マネジメント人材層の確保と定着を目的に5つの行動指針それぞれの実践的管理技法を具体的に提示しているのである。そして，終局的にマネジメント人材層の強化のためには，従来までのHRM研究に新たな視点を取り入れることの重要性（*Ibid.*, p.157 邦訳, 225〜226頁），すなわちタレントマネジメント論の必要性を高唱している。

　ただし，タレントマネジメント論には，以下のような重要な問題も包摂されている（守屋，2014 ; 岡田，2015）。

　第1に，有能なリーダーやマネジャーといったいわゆるマネジメント人材層に，その「管理対象」が限定されている点である。これは，有能なマネジメント人材とそうでない人材との選別化，選ばれた少数の従業員と選ばれな

かった大多数の従業員との二極化や階層化，ひいては選ばれなかった従業員の雇用調整や解雇などの複合的問題をも誘引することになり，疑問視される点である。

第2に，タレントマネジメント論は，従来までの人的資源管理研究に内包される一部の領域を扱っているにすぎない点である。それゆえ，タレントマネジメント論は実践的管理技法の提示，すなわち方法論にとどまっており，人的資源にかかわる全管理職能・機能を包摂した総合的な理論の体系化には至っていない。

第3に，労働組合や労使関係，労使関係管理についてほとんど触れられていない点である。これは，タレントマネジメント論の「管理対象」が有能なリーダーやマネジャーといったマネジメント人材に限定されているため，労働組合や労使関係・労使関係管理に論究されていないものと解されるが，「企業対個別従業員の関係」といった個別労働契約の下に，労働組合を必要としないという認識が底流しているものと思われる（守屋, 2018, 45頁）。

近年，タレントマネジメント論の「管理対象」を，マネジメント人材層から全従業員へと広げるアプローチもあらわれてきているが，集団的労使関係や個別的労使関係など，今後どのように取り扱われていくのか，注視していく必要がある。

VI　むすび

本章では，科学的管理から人事管理・人間関係論的人事管理・行動科学的人事管理・人的資源管理・戦略的人的資源管理・タレントマネジメントという流れのなかで，各段階を代表する理論を取り上げ，それぞれの理論に影響をあたえた関連諸科学，そして「労働者観」と「管理対象」に注目しながら考察してきた。その発展過程は，概略的に次のようにまとめることができる（守屋, 2018, 9頁）。

第 1 章
人事管理論の発展と関連諸科学

図表 1-2　人事管理論の発展と各段階の特徴

	科学的管理	人事管理論			人的資源管理論	戦略的人的資源管理論	タレントマネジメント論
		人事管理論	人間関係論的人事管理論	行動科学的人事管理論			
代表的理論	テイラー・システム	ティード＆メトカーフ理論	ピゴーズ＆マイヤーズ理論	メギンソン理論	ハーバード・グループのHRM理論	ミシガン・グループのSHRM理論	マッキンゼーのTM論
管理対象	労働（生産現場の労働）	労働力（生産現場の労働者が保有する労働力）	労働者（生産現場の労働者）	労働者（ホワイトカラー労働者）	労働者（ホワイトカラーを中心に全労働者）	労働者	労働者（優れたタレントを有するマネジメント人材）
管理方法	課業管理	労働力管理	人間関係管理	小集団管理	個別管理		
労働者観	経済人モデル		社会人モデル	自己実現人モデル	投資価値のある経済的資源	戦略実行のための経済的資源	極めて重要な競争優位の源泉

出典：筆者作成。

　アメリカで生成した初期の人事管理論や人間関係論的人事管理論は，主として工場や生産部門で働く現場労働者（いわゆるブルーカラー）を「管理対象」として，いかにして生産性を向上させていくかという課題のもと理論構築されてきた。その後，アメリカの産業構造の転換に伴い管理・営業・事務などの職務を担当する労働者（いわゆるホワイトカラー）の割合がブルーカラーより増加したことを受けて，ホワイトカラーを「管理対象」とする行動科学的人事管理論へ，さらに「管理対象」を全従業員に適用し個別管理する人的資源管理論が誕生する。その後，企業戦略のもと人的資源を「競争優位」の源泉ととらえ，全従業員を個別管理する戦略的人的資源管理論へと発展していく。しかし，グローバル化や情報技術革新などによって国際的な企業競争が激化するなかで，新たなイノベーションを担う中核的な従業員，「優れたタレントを有するマネジメント人材」を対象としたタレントマネジメント論が登場することになる。

　こうした発展過程をあえて整理すると**図表 1-2** のようになる。

1970年代以降，人事管理論が人的資源管理論，戦略的人的資源管理論へと進展していくなかで，従業員は「投資価値のある経済的資源」と把握され，さらに「戦略実行のための経済的資源」とする「労働者観」に基づいて理論展開されている。その後，台頭するタレントマネジメント論には，企業に高い競争優位性をもたらす優れたタレントを保有する人的資源のみを「管理対象」として選抜し，採用・配置・能力開発を行おうとする選抜的・選別的思考が基盤となっている（守屋, 2014, 36〜37頁）。

　しかし，このような一連の「労働者観」は，あくまでも企業の競争力向上や競争優位性確保にとって中核となる人的資源に対しての認識であって，それ以外の従業員はコスト戦略の観点から外部化および雇用複合化を志向する考え方が内包されている。実際，企業戦略重視のなかで人的資源である従業員を戦略の一環として他の物的資源と同列に扱い，手段化する傾向が見受けられる（岡田, 2011, 84〜85頁）。

　さらに，企業戦略に応じて柔軟的かつ機動的に人的資源を調達・調整するという考え方には，人的資源の価値もまた企業戦略によって変化するという発想が底流している。戦略が変われば重視される人的資源も変化する一方，重視されなくなった人的資源は雇用調整や解雇の対象になるということを意味しているからである（岩出, 2002, 192頁）。

　こうした「労働者観」の変化を発展史的な観点からみると，人事管理本来の基本理念と大きく乖離しているのは明らかである。アメリカで1920年代に成立した人事管理理論は当初，「最小限の努力・対立と労働者の真の福祉への適切な考慮によって，必要最大限の生産を確保するために，その組織の人間的諸関係を指揮・調整する（Tead and Metcalf, 1920, p.2）」諸活動であると定義され，この「労働者の真の福祉」を適切に考慮するところに他のあらゆる管理職能と区別する特徴がある。

　しかしながら，人的資源管理論以降，人事管理論成立当初の「労働者の真の福祉への適切な考慮」という基本理念は少なからず脱落する傾向がみられる。それは，人的資源管理論・戦略的人的資源管理論では労働組合や労使関

係にまつわる事項が軽視される兆候としてあらわれ，タレントマネジメント論においては完全に捨象されていることからも明白であろう。

　こうした動きは，日本企業においても着実に広がってきており，深刻の度を増している。集団的労使関係から個別的労使関係への移行はもとより，増え続けている非正規従業員については「管理対象」にさえなっていないからである。企業戦略重視の側面から人的資源の位置づけが強化される一方，その他の従業員は物的視される傾向を強めており，さまざまな矛盾を抱えたまま雇用にまつわる二極化が顕著に進行している。労働の場における人間性と雇用保障など生活者としての労働者の視点から，今後の推移を注意深くみつめていく必要がある。

付記：本章は，岡田（2015；2018）をもとに，削除・加筆・修正したものである。

注

1) テイラーの以下の文献は，Taylor（1947）に所収されている。
   1. *Shop Management*, 1903.
   2. *The principles of Scientific Management*, 1911.
   3. *Taylor's Testimony Before the Special House Committee*, 1912.
2) 科学的管理に対する労働組合の批判ないし反対理由として，ヨーダーは①分配の不公正，②労働者の機械視，③経営独裁主義の提唱，④労働組合の否定，の4点に要約し示している（Yoder, 1933, pp.548-554；Yoder, 1942, p.44）。
3) 「人的資源理念」の形成には，1960年代に経済学研究の一領域として生成した人的資本理論（human capital theory）に基づく人的資源の把握と，従来までの労働者観とは異なる行動科学に依拠した人間として労働者をとらえる認識とが影響をあたえている。なお，メギンソン理論の詳細については，岡田（2008）の「第10章　メギンソンの人事管理論」を，行動科学が登場してくる当時のアメリカの時代背景については，岡田（2008）の「第4章　行動科学的管理の台頭」を参照されたい。
4) ハーバード・ビジネス・スクールのビアーやスペクターらは，この著書の他にも，文献レビューの成果としてのリーディングス（Beer and Spector, 1985）と，ケース・スタディの成果としてのケース・ブック（Beer et al., 1985）もMBA課程のテキストブックとして上梓している。
5) 「有形の資産」とは，例えば工場や建物，機械設備といった物理的な資産，資金，特許など，「目に見える資産」と解することができるものである。「有形の資産」の最大の特徴は，市場で自由に購入することが可能であるため，競合企業が模倣し追随するうえで時間もコス

トもそれほどかからないという点があげられる。それゆえ,「有形の資産」は競合企業にとって「模倣するための障壁」が低く,「競争優位」の源泉を保持しにくいという弱点がある。これに対して「無形の資産」は,競合企業とは違った組織構造やマネジメント・システム,企業が独自に保有する情報力や知識,高い能力やスキルを有する人的資源など,一般に「目に見えない資産」ととらえられるものである。「無形の資産」の最大の特徴は,無形であるがゆえに,その企業を「競争優位」に導いている要因や源泉を明らかにするのが非常に難しく,いくら資金を持っていたとしても市場では購入することができず,競合企業に模倣されにくいという利点がある。また,たとえ模倣できるとしても,模倣するためには莫大な時間とコストがかかるという特徴も包含している。

6) 日本におけるタレントマネジメント研究は,2012年頃からビジネス誌・実務雑誌を中心にみられるようになり,近年では学術論文でもテーマとして多く取り上げられ,タレントマネジメントに関する著書も出版されており,その関心は高まっている。

参考文献

Beer, M., Spector, B., Lawrence, P.R., Mills, D.Q. and Walton, R.E.(1984)*Managing Human Assets : The Groundbreaking Harvard Business School Program*, The Free Press.(梅津祐良・水谷榮二訳『ハーバードで教える人材戦略』生産性出版, 1990 年)

Beer, M. and Spector, B.(1985)*Reading in Human Resource Management*, The Free Press.

Beer, M., Spector, B., Lawrence, P.R., Mills, D.Q. and Walton, R.E.(1985)*Human Resource Management : A General Manager's Perspective*(Texts and Cases), The Free Press.

Fombrun, C.J. Tichy, N.M. and Devanna, M.A.(1984)*Strategic Human Resource Management*, John Wiley & Sons.

Megginson, L.C.(1967)*Personnel : A Behavioral Approach to Administration*, Richard D. Irwin, Inc.

Michael, ed., Handfield-Jones, Helen., Axelrod, Beth.(2001)*The War for Talent*, Harvard Business School Press.(マッキンゼー・アンド・カンパニー監訳・渡会圭子訳『ウォー・フォー・タレント 人材育成競争』翔泳社, 2002 年)

Pigors, P. and Myers, C.A.(1947)*Personnel Administration : A Point of View and a Method*, McGraw-Hill.

Pigors, P. and Myers, C.A.(1956)*Personnel Administration : A Point of View and a Method*, 3rd ed., McGraw-Hill.(武沢信一訳編『人事管理』日本生産性本部, 1960 年)

Taylor, F.W.(1922)A Peace Rate System, Being a Step Toward Partial Solution of the Labor Problem, 1895, in Thompson, C.B., ed., *Scientific Management*, Harper & Low.(上野陽一訳編『科学的管理法＜新版＞』産業能率短期大学, 1969 年)

Taylor, F.W.(1947), *Scientific Management, with A Foreword by Harlow S. Person*, McGraw-Hill.(上野陽一訳編『科学的管理法＜新版＞』産業能率短期大学, 1969 年)

Tead, O. and Metcalf, H.C.(1920)*Personnel Administration : Its Principles and Practices*, McGraw-Hill.

Yoder, D.（1933）*Labor Economics and Labor Problems,* Prentice-Hall.
Yoder, D.（1942）*Personnel Management and Industrial Relations,* 2nd ed., Prentice-Hall.
岩出博（2002）『戦略的人的資源管理の実相—アメリカ SHRM 論研究ノート—』泉文堂。
岡田行正（2008）『アメリカ人事管理・人的資源管理史（新版）』同文舘。
岡田行正（2011）「第3章　人的資源管理の史的展開と基本的視座」石嶋芳臣・岡田行正編『経営学の定点』同文舘。
岡田行正（2015）「人的資源管理研究の新たな動向—タレントマネジメント・アプローチの登場—」『修道商学』（広島修道大学ひろしま未来協創センター）第 56 巻第 1 号。
岡田行正（2018）「第1章　人事管理論・人的資源管理論の史的変遷」守屋貴司・中村艶子・橋場俊展編『価値創発（EVP）時代の人的資源管理』ミネルヴァ書房。
加護野忠男（1985）「第1章　経営戦略とは何か」石井淳蔵・奥村昭博・加護野忠男・野中郁次郎『経営戦略論（新版）』有斐閣。
菊野一雄（1982）『労務管理の基礎理論』泉文堂。
森五郎（1976）『新訂　労務管理概論』泉文堂。
森川譯雄（1996）『アメリカ労使関係論』同文舘。
守屋貴司（2014）「タレントマネジメント論（Talent Managements）に関する一考察」『立命館経営学』（立命館大学経営学会）第 53 巻第 2・3 号。
守屋貴司（2018）「第3章　人的資源管理論からタレントマネジメントへの「進化」」守屋貴司・中村艶子・橋場俊展編『価値創発（EVP）時代の人的資源管理』ミネルヴァ書房。

第 2 章

労使関係と
労使関係管理論

I 分析視角

　労働組合とは，労働者が労働者の生活や権利，労働条件などを守るために，労働者によって結成・運営される組織である。しかし，労働組合は，企業側・経営者側，時代によっては政府からの弾圧を受けながらも，イギリスでは18世紀後半の産業革命期から，アメリカでは19世紀後半の資本主義経済体制下における独占資本に対峙することを目的に発展していった。一方，日本では19世紀末から労働組合が結成されはじめるが，政府や企業などの弾圧や政策に阻まれて衰退し，第2次大戦後に再び労働組合の結成が労働者の権利として労働法規上も認められ，広く普及していく。

　本章では，労働組合の起源や労働組合の組織類型，労資関係と労使関係，労使交渉で重要となる交渉力などの基本事項を解説したうえで，アメリカで発展した労使関係管理論が，各時代における社会的・経済的・政治的背景と経営学の関連諸領域からどのような影響を受けながら発展していったか概観していく。

II 労働組合と労使関係

1 労働組合の起源と組織類型

　労働組合は，18世紀後半の産業革命の時期，イギリスにおけるパブ（カウンター席や立飲みを中心とした当時の居酒屋）での労働者の集まりを舞台にした相互扶助・共済活動が起源だとされている[1]。労働者たちが，互いの暮らしの不安や経営者への不満などをパブで語り合い，こうしたなかから仲間がケガや病気になったとき，失業したときのための労働者同士の相互扶助の組織が発展して，労働組合が形成された（兵頭，2016，188〜189頁）。このよ

うな労働組合結成の動きに対して，当時の政府は激しい弾圧を加え，18 世紀末には「団結禁止法」を制定して，労働条件の維持や引き上げを目的に労働者が組織を作ることそのものを取り締まった。しかし，労働者たちは弾圧下でも労働組合の組織化やストライキなどの抵抗運動を展開し，イギリスの団結禁止法は 19 世紀前半には廃止され，20 世紀初頭になってようやく労働組合活動の自由が認められた（前掲書, 189～191 頁）。

　一方，労働組合の組織形態も，現在に至るまでさまざまな紆余曲折を経て発展してきた。①地方規模の少数の熟練労働者からなる初期的労働組合から一職種もしくは数職種の熟練労働者で構成される職業別組合・職能別組合（craft union）へ，そして②職種・産業・地域区分にとらわれず各種の労働者，特に不熟練労働者を広く包含する一般労働組合（general union）へ，さらに③産業内の労働者を熟練・不熟練の区別なく包摂する産業別組合（industrial union）へ，というのが組織形態からみた労働組合発展の概略的な道筋である（『経済学辞典　第 2 版』岩波書店）。

　イギリスでは職業別組合・職能別組合から一般労働組合そして産業別組合に，アメリカでは職業別組合・職能別組合から産業別組合へと発展している。

　これに対して日本では，第 2 次大戦後に GHQ の民主化政策によって，企業単位で所属する正規従業員から組織される企業別組合が広く普及する。それゆえ，日本の大多数の労働組合は，いまなお企業別組合という形態をとっており，欧米にみられる企業の枠を超えた横断的な職業別組合や産業別組合と対比される。なお，日本で産業別組合という場合は，一部の例外を除き個人加盟の単一組合ではなく，企業別組合を単位とした連合体組織または協議体組織である。こうした日本の産業別組合は，単位産業別組合（通称，単産）と呼ばれており，企業別組合がそのまま支部になっている場合が多い。

2　労資関係と労使関係

　雇われる側と雇う側との関係をあらわす用語として，「労資関係」（capital-labor relations）と「労使関係」（industrial relations, labor-management relations）

がある。一般に,「労資関係」は労働者と資本家との関係を,「労使関係」とは労働者と使用者（経営者）との関係を表現している[2]。すなわち,「所有と経営の分離」が実質的になされていない状態をさして「労資関係」という用語が使われている。こうした解釈に立てば, 厳密な意味では現代においても「労資関係」状態の企業は, 多数存在することになる。

一方,「労使関係」という用語は, テイラー・システムに関する公聴会を開いたアメリカの「労使関係委員会」(The United States Commission on Industrial Relations, 1912-1915) に端を発するともいわれている（『日本大百科全書』小学館）[3]。

しかしいずれにせよ, 資本主義経済体制の進展に伴い企業は大規模化・複雑化し, 現代の大企業においては, 資本の所有者が自ら経営にあたることは稀であり, 少なくとも資本家＝経営者は別人格ととらえて「労使関係」という用語を使うことが多い（森川, 1999, 5～6頁）。

III 労使関係と交渉力

労使関係の基盤となるのが労使双方による意思の相互作用である。とりわけ賃金や労働時間, その他の労働条件, 労使間での就業規則をはじめとしたルールや協約などは, 労使交渉によって取り決められる。労働者で組織された労働組合の代表と使用者側（企業側）との交渉, すなわち団体交渉である。このとき重要になるのが, 交渉力である。「交渉相手に対して, いかに優位に交渉を進められるか」「何が交渉力を決めるか」がポイントとなる。

こうした組織間や人びとの間における交渉力については, 組織間関係論で展開される資源依存モデルに依拠すると基本的にパワー資源の①不可欠性, ②集中性, ③代替性といった3つの視点から考察することができる（赤岡, 1989, 221～222頁）。

これを労使交渉に当てはめてみると, ①労働組合を組織するある労働が企

第 2 章
労使関係と労使関係管理論

図表 2-1　交渉力の 3 要素：労使パワーバランス

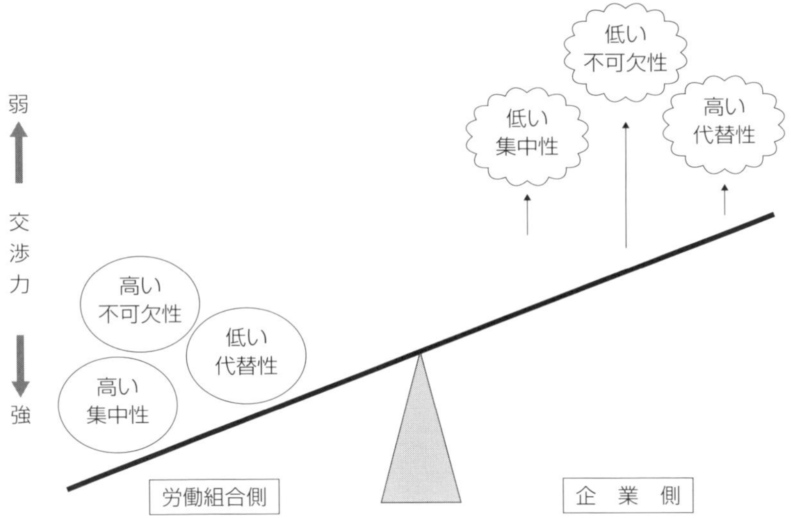

（図：てんびん図。労働組合側＝高い不可欠性・低い代替性・高い集中性（交渉力 強）、企業側＝低い不可欠性・高い代替性・低い集中性（交渉力 弱））

出典：赤岡（1989, 221〜222 頁）をもとに筆者作成。

業にとって不可欠であればあるほど（高い不可欠性），②社会に存在する同種の労働の多くの割合を労働組合がコントロールできればできるほど（高い集中性），③企業がその労働者を雇用せずに他の方法で企業の経営活動を維持・運営するのが困難であればあるほど（低い代替性），労働組合側の交渉力は強化され，逆であれば，使用者側（企業側）の交渉力は強くなる（前掲書, 222頁）。

　こうした交渉力の 3 要素が，すべて労働組合側に備わっているかどうか，あるいは備わっていても技術革新など何かのきっかけで突き崩され，3 要素のうちいずれか，あるいはすべてを失ってしまうことによって，労使双方それぞれの交渉力に大きな影響を及ぼすことになる（**図表 2 - 1**）。この労使交渉の如何によって，労使間の力関係，労働組合組織率の増減や労働組合の発展・衰退，さらには労使紛争にまで発展し，各国固有の労使関係史や労働組合運動史としてあらわれているのである。

Ⅳ 労使関係管理論の発展

「労使関係管理」とは，使用者側（企業側）の立場から企業内の労働者や労働組合の対立的・敵対的行動を規制して，労使の協力・協調体制を確保しようとするものであり，具体的には従業員関係と労働組合関係の管理を内容としている（黒田，2001，15頁）。ただし，労使関係管理は各時代における労使間の力関係や労使をとりまくさまざまな環境要因に応じて変化しており，アメリカの労使関係管理論もそうした情勢を背景としながら発展してきた。

そのため，労使関係管理の理論，その背後にある思想は，当時の一定の社会的・経済的・政治的背景，ここではとりわけ労働組合，労働組合運動，労働法規，労働市場，企業内の人事管理や労使関係制度などとの関係のなかで把握されなければならない。また，労使関係管理論は，産業心理学，人事管理論，人間関係論，行動科学，人的資源管理論など関連諸領域との密接なかかわりのなかで発展しており，そこには企業経営を取り巻く各時代のさまざまな要因が大きく作用している。（図表2-2）

以下では，こうした基本的な認識に立ちながら，アメリカにおける労使関係管理論の発展過程を5つの段階に区分し，概観していく。

1 協調的労使関係思想の萌芽

1886年，職能別・職業別組合の全国的連合体としてアメリカ労働総同盟（America Federation of Labor：AFL）が設立された。しかし，当時の労働組合は企業側に対して組織力・交渉力とも圧倒的に脆弱であったため，企業側の専制的支配に従わざるを得ず，これに対抗する形で労働者による組織的怠業（systematic soldiering）が蔓延し，企業内で深刻な問題となっていた。

ところで，当時の組織的怠業現象については，一般に労働組合の発展ということと短絡的に結合させて，組織的怠業＝労働組合の生産制限と解釈される場合がある（森川，1996，91頁）。しかし，アメリカ労働総同盟も当時すで

第 2 章
労使関係と労使関係管理論

図表 2-2　年表：アメリカ労使関係の関連事項

年	出来事（労働法規，労働組合組織，代表的著書）
1886年	アメリカ労働総同盟（America Federation of Labor：AFL）設立
1895年	テイラー『出来高払い制私案』出版
1903年	テイラー『工場管理』出版
1911年	テイラー『科学的管理法の原理』出版（協調的労使関係思想）
1920年	ティード&メトカーフ『人事管理』出版
1929年	世界恐慌
1933年	全国産業復興法（National Industrial Recovery Act：NIRA）
1935年	全国労働関係法（National Labor Relations Act），ワグナー法（Wagner Act） 社会保障法（Social Security Act）
1937年	産業別組合会議（Congress of Industrial Organization：CIO）設立
1938年	公正労働基準法（Fair Labor Standards Act） ヨーダー『人事管理と労使関係』出版
1947年	タフト＝ハートレー法（Taft-Hartley Act） ピゴーズ&マイヤーズ『人事管理』出版 セレクマン『労使関係と人間関係』出版（人間関係論的労使関係管理論）
1948年	労使関係研究学会（Industrial Relations Research Association：IRRA）創設 アメリカ人事管理協会（American Society for Personnel Management：ASPA）創設
1955年	アメリカ労働総同盟（AFL）と産業別組合会議（CIO）が合併し，アメリカ労働総同盟・産業別組合会議（AFL-CIO）となり，アメリカ最大の労働組合中央組織に
1958年	ダンロップ『労使関係制度論』出版
1959年	ランドラム＝グリフィン法（Landrum-Griffin Act）
1965年	スタグナー&ローゼン『労使関係の心理学』出版（行動科学的労使関係管理論）
1967年	メギンソン『人事労務』出版
1984年	ハーバード・グループ『人的資源管理』出版 ミシガン・グループ『戦略的人的資源管理』出版
1989年	アメリカ人事管理協会（ASPA）が人的資源管理協会（Society for Human Resource Management：SHRM）へ名称変更
2004年	労使関係研究会（IRRA）が雇用関係学会（Labor and Employment Relations Association：LERA）へ名称変更

出典：筆者作成。

31

に存在し，労働組合の組織化の動向が高かったにもかかわらず，労働組合運動は国家と企業による種々な弾圧政策のため，しばしば壊滅的な打撃を受け，労働組合はいまだ十分な発展を遂げているとはいえなかった。そのため，怠業はむしろ労働組合が未組織である場合，あるいは労働組合が弱体でストライキの失敗の恐れが強いときに発生しており，組織的怠業＝労働組合の生産制限という形で両者は簡単に結びつかない（前掲書，93頁）。それゆえ，企業と国家の弾圧によって労働組合は十分な発展を遂げることができなかったという現実のなかで，経営者の一方的な賃金切り下げを容易にし，他方で労働者側はその対抗策として，ストライキなどの直接的な闘争よりも，むしろ組織的怠業のほうをとることによって，それが蔓延していったのである（岡田，2008，12～13頁）。

　こうした組織的怠業の克服を目的に登場したのが，テイラー（Taylor, F.W.）の科学的管理（Scientific Management）であった[4]。テイラーの基本的問題意識は，一貫して組織的怠業にみられるような険悪な労使関係をいかにして協調的な方向に変革していくかという点に立脚しており，協調的労使関係思想に基づいて展開されている。つまり，テイラーは労使双方に満足をあたえ，両者に最善の利益をもたらすものでなければならないという認識のもと，組織的怠業を克服するために協調的労使関係を構築する方法を作業量と賃金の問題に求め，それを「課業決定の科学性・客観性」と「高賃金・低労務費」（high wages and low cost），さらに労使双方の「精神革命」（mental revolution）によって実現しようとしたのである（Taylor, 1903, pp.22, 58, 63-64 邦訳, 55, 86, 91～92頁；1912, p.30 邦訳, 354頁）。

　そのため，労働組合や団体交渉（collective bargaining）に関して，テイラーは，科学的管理による課業決定の科学性と労働者への高賃金の保障のもと，それ自体が不要になるという労働組合不要論そして団体交渉不要論を展開するのである。つまり，テイラーの主張は，労働組合の存在意義を一応認めつつも，現実における労働組合とは生産制限的・闘争主義的傾向を有し，労働者の悪平等化や動作・時間研究などを用いる課業管理への介入をもたら

し，労使繁栄の妨害や労使協調に反する組織になっているという点に，その含意がある（森川，1996, 114頁）。それゆえ，テイラーは，労働組合や団体交渉のみならず工場委員会，労使協議制などの経営参加についても，結局のところ不要論ないし否定論に行きつくことになるのである。

しかしながら，労働組合はこうした現状に対して次第に反発を強め，科学的管理排斥運動を強化していった。産業界における科学的管理の導入と普及は，資本の論理と相まって労働強化の手段として用いられ，これに対して労働組合が抵抗し，非難したからである。このような労働組合運動の高揚によって，科学的管理は労働組合による非難に対応する形で労働能率増進の施策を修正していったのである。

以上のように，テイラーの科学的管理は，労使関係管理の実践方法として工場委員会や労使協議制などの経営参加や労働組合，団体交渉に関して，その否定ないし阻止をその性格のうちに包含している。しかし一方で，テイラーは当時産業界で深刻化していた組織的怠業にみられるような険悪な労使関係をいかにして協調的関係に変革していくかという問題意識のもと，これを「課業決定の科学性・客観性」と「高賃金・低労務費」によって克服しようとしており，あくまでも協調的労使関係思想を基調として科学的管理を展開している。また他方において，産業界で広く導入された科学的管理は，現実には労働組合からの強い反対や非難を受け，労働組合の科学的管理排斥運動によって険悪な労使対立をもたらしたが，それによってかえって協調的労使関係思想を基調とした労使関係管理論の視点の重要性が改めて認識される転換点になったといえる[5]。

2 人事管理論における労使関係管理

労使関係管理に対する問題意識は，人事管理（Personnel Management, Personnel Administration）の生成にも強く反映されている。それは，第1次大戦への参戦によって労働力不足と能率的生産の要請を契機に労働組合がその地位を向上させ，さらに第1次大戦後の労働組合の飛躍的な発展を背景と

して産業界が労働組合からの非難を無視できなくなり，科学的管理そのものに対する見直しを迫られたからである[6]。

このような過程のなかで著された最初の体系的な人事管理論が，ティード＆メトカーフ（Tead, O. and H.C. Metcalf）の『人事管理』（*Personnel Administration : Its Principles and Practice,* 1920）である。このなかでティード＆メトカーフは，「人事管理とは，最小限の努力・対立（a minimum effort and friction）と労働者の真の福祉（the genuine well-being of the workers）への適切な考慮によって，必要最大限の生産を確保するために，その組織の人間的諸関係を指揮・調整することである。（Tead and Metcalf, 1920, p.2)」と定義し，この「労働者の真の福祉」を適切に考慮するところに他の管理と区別する人事管理の特徴を求めている。

すなわち，ティード＆メトカーフの人事管理論は，人事管理の最終的な目的を最大限の生産確保に求め，それを労働力の能率的利用によって達成するために，より具体的には企業が直面していた生産能率向上と労使対立緩和といった課題に対して，労働者＝人間的性質を有する心理的な存在と解し，労働者の仕事への関心・自発的同意・積極的協調を確保することによって解決するために，「労働者の真の福祉」を向上させるものとして人事管理を規定しているのである。

それゆえ，ティード＆メトカーフは，苦情処理，工場委員会，会社組合，従業員団体，使用者団体，団体交渉など主に労使関係管理にまつわる職能を具体的に取り上げ，その効用について分析・検討している。ここには，「個別的アプローチ」ないし「個別的関係」による労使関係管理だけでは，もはや労働組合の発展，労働争議の頻発に対応できなくなり，工場委員会，従業員団体，団体交渉などの「集団的関係」としての労使関係管理を人事管理機能の一部として取り入れざるを得なかった彼らの認識が強く反映されている（森川，1996，134頁）。

ところがこの場合にも，反組合的性格をその本質として有する工場委員会や従業員団体を高く評価し，他方，従来まで労働組合は所得分配だけに重点

を置いてきたとして，そのような組合活動＝団体交渉に批判的であり，生産能率の問題を重要視するように高唱している。このようにして把握される従業員組織および団体交渉は，もっぱらその経営的意義から検討され，従業員の包括的組織を通じて，それを経営的に利用しようとする観点だけが強調されている（前掲書, 144頁）。

こうしたティード＆メトカーフの人事管理論を労使関係管理の視点から考察すると，労働力管理を中心とする労使関係への「個別的アプローチ」を基調としながらも，工場委員会・従業員団体・団体交渉などの「集団的関係」処理を一応認め，これを補完的に取り入れて労使協調や協働関係を構築し，労働意欲の向上，労働組合の組織化防止，労使問題の処理を行おうとしたものととらえられる。ここには，労働組合や団体交渉だけではなく，工場委員会などの労使の「集団的関係」のいっさいを否定ないし阻止しようとしたテイラーに対して，労使の対立関係の激化に対応した労使関係管理の新たな展開がみられる（前掲書, 144頁）。

その後，1929年の株価大暴落に端を発した大恐慌は，銀行や企業の倒産，生産遊休，失業者・生活困窮者の増大，社会不安の増幅といった事態を引き起こし，アメリカの社会・経済全体に未曾有の混乱と長期的な経済停滞をもたらした。こうした危機的情況から脱却するため，アメリカ政府はニューディール政策を進めたのである。

政府はまず，1933年に全国産業復興法（National Industrial Recovery Act : NIRA）を制定し，企業に対して生産規制・公正競争・価格安定の指針を示すことによって企業再建を推し進める一方，労働者の団結権・団体交渉権を認め，産業別の最長労働時間や最低賃金を規制することによって雇用促進・賃金所得の上昇・社会保障の充実をはかろうとした。こうした政策は，1935年に労働者の団結権・団体交渉権の再確認と不当労働行為の禁止を定めた全国労働関係法（National Labor Relations Act）いわゆるワグナー法（Wagner Act）や，同年に世界で最初に社会保障という名称を冠した失業保険・退職金制度・年金制度などからなる社会保障法（Social Security Act），さらに

1938年に全国一律に最長労働時間・最低賃率や児童労働の禁止を含んだ公正労働基準法（Fair Labor Standards Act）の施行へと引き継がれていく。つまり，ニューディール政策は，労働者保護と社会保障とを主軸として実施されたのである。

こうした法整備によって，労働組合運動は質的にも量的にも新たな展開をみせる。それは，ワグナー法によって労働組合が社会的に公認されたこと，1937年に産業別組合会議（Congress of Industrial Organization : CIO）が正式に発足したことにもあらわれている。

一方，産業面への政府介入や工場・職場問題に対する労働組合の発言力拡大の動きのなかで，経営者の指導力・威信・社会的信頼は次第に失われていく。経営者の多くは，経営者団体を通じて一貫した非妥協的態度を示すことで対抗したが，それは経済回復を遅らせただけではなく，労使関係の悪化によるストライキの頻発や社会不安をいっそう助長させたからである。

このような情況のなかで登場したのが，ヨーダー（Yoder, D.）の人事管理論である。彼は『人事管理と労使関係』（*Personnel Management and Industrial Relations,* 1938）を著し，これによって近代的人事管理論が確立されたといわれている。

ヨーダーは，「人事管理の基本的な目的とは，企業における労働力から最大の生産能率を確保することにあり，したがって人事管理のあらゆる原理および実践は，この基本目的のうえに成立している。（Yoder, 1942, p.5）」と定義している。しかし，上記のような一連の法整備を背景にした労働組合の急速な発展と労働組合運動の高揚，労使対立や労使紛争の激化のなかで，人事管理の中心的機能を企業における労働力の最高能率的利用（the most efficient utilization）に求めた労働力管理にすえながら（*Ibid.*, p.1），それを達成させるうえでも企業経営における協調的な労使関係の構築が最重要課題であると認識している。それゆえ，労働組合の存在を認め，労使対立を緩和させる労使関係管理の施策として団体交渉制度や従業員代表制の必要性を高唱するのである（Yoder, 1956, pp.356-368 邦訳，384〜396頁）。

ここには，労働組合の存在を否定すること自体がもはや非現実的であり，労働組合の存在を現実問題として積極的に認め，さらに労働組合との協力関係を確保するために，適切な対応をはかる労使関係管理を正式な制度として組み込むほうが実践的であるとするヨーダーの認識が強く反映されている。それゆえ，団体交渉制度や従業員代表制の導入は，労働者を対等な関係において認識することによって，それまで他のいかなる方法・手段でも解決することができなかった労使問題にも公平かつ秩序ある解決への可能性を見出し，労使双方の協働を確保するうえでも，その有効性が主張されているのである。

　したがって，ヨーダーの人事管理論における労使関係管理に関する論点は，労働組合の存在を認めたうえで労働組合と適切に対応していくかという点に集中しており，従来までの伝統的人事管理論にみられた労働組合否定の姿勢は完全に払拭されている。

3　人間関係論と労使関係管理論

　1933年の全国産業復興法および1935年のワグナー法を契機として急激に発展しつつあった労働組合は，第2次大戦後さらに大幅に組合員を追加し，その組織率も飛躍的な伸びを示す[7]。特に，産業別組合会議を中心とする鉄鋼，自動車，ゴム，電機などの大量生産産業その他の未組織産業における産業別組合の形成と団体交渉制度の確立の動向は著しい。しかも，こうして拡大した労働組合は，第2次大戦後にみまわれた激しいインフレーションによる生活不安を背景としてアメリカ労働運動史上最大の争議に突入し，労使関係は大混乱期に直面していた。

　このような労使関係の大混乱期[8]にあらわされた本格的な労使関係管理論が，セレクマン（Selekman, B.M.）の『労使関係と人間関係』（*Labor Relations and Human Relations,* 1947）である。

　セレクマンは，当時すでに急速な組織化と発展を遂げていた労働組合や団体交渉制度の普及・浸透，そして頻発する激しい労働攻勢に直面していたアメリカ産業界の現実に際して，労働組合の組織化活動，団体交渉，協約の導

入，苦情処理制度，労使のリーダーシップなどについて従来までと異なる視点，すなわち人間の感情面や人間関係の側面から分析している。ここには，1930年代から労働者保護と社会保障を主軸にした法整備が行われたにもかかわらず，労使闘争は依然として続いているばかりか，ますますその激しさを増している現状から，もはや経済的および法律的な対処方法は，労使関係問題処理のための最終的な拠り所とはなり得ないし，労使闘争をなくすことにも繋がらない，というセレクマンの問題意識が反映されている（Selekman, 1947, p.14）。

そのため，労働組合の組織化については，組合員の5分の4が新規加入者であった当時の組合の実態を鑑み（*Ibid.*, p.12），組合主義に対する労働者の恐れや無関心を取り去り，組合加入を促す忠誠心や積極的感情を強化しようとする動き，加えて労働者の保有する経済的改善や集団所属の欲求などについて言及している（*Ibid.*, Chap Ⅱ）。また，団体交渉とは，人びとの感情や信念，欲望などを含む「一種の人間行為（human behavior）」，あるいは「多数の異なる人びとを含む社会的過程（social process）」であり，ストライキにいたっては労働者の感情への訴えや使用者に対する敵意を作り出すことによってかき立てられた攻撃的・敵対的感情のはけ口であるととらえ，団体交渉を労使間に介在する感情の面から考察することの重要性を唱えている（*Ibid.*, Chap Ⅲ）。協約については，友好的・協働的労使関係のための新しい社会的機構を構築するといった積極的な感情が作り出されなければならないと唱え，協約の技術的導入（technical launching）だけでなく，感情導入（emotional launching）の必要性を強調している（*Ibid.*, pp.36-41）。苦情処理制度に関しては，いわゆる法律的接近ではなく，苦情処理制度を職場関係の中心として機能させ，苦情を生み出す源泉になっている不満が現実に存在すること自体を重視し，対処することの重要性を指摘している（*Ibid.*, Chap Ⅴ）。労使のリーダーシップには，リーダーとしての専門的技能だけでなく，感情的成熟が求められていると主張している。ここでの感情的成熟とは，自己を取り巻く全体環境（total environment）に冷静に感応する能力を備える

こと，すなわち物質的・金銭的以上のものという意味での「全体環境」における人間的要素に注目して，不愉快な事実に対しても冷静に分析し，客観的かつ妥当性のある対策を打ち出せる成熟したリーダーの存在とその育成を高唱している（*Ibid.*, Chap. Ⅶ, Ⅷ）。

このように労働組合や団体交渉の法的な保護をもとに急激な組織化によって生じた労使の混乱・対立感情のなかで，セレクマンは，労働組合との関係を前提として，労使の対立関係を緩和し，労使双方の協力的感情の涵養を求めて，労使問題を人間感情の面や人間関係の側面からとらえ直した人間関係論的労使関係管理論を体系化したのである。

なお，1948年にはアメリカで労使関係研究学会（Industrial Relations Research Association : IRRA）が創設されると，労使関係論や労使関係管理論は独自の研究領域として認識されるようになる。

4 行動科学と労使関係管理論

第2次大戦直後の大争議の続発にもみられるように，強大化した労働組合は次第に資本に対抗するほどの実力を備えるようになるとともに，団体交渉項目の拡大などを通じて経営に浸透するようになってきた（森川, 1996, 172頁）。

そのためワグナー法にみられた経済的弱者保護の労働政策が方針転換され，労働組織に対する大幅な制限が1947年に制定されたタフト＝ハートレー法（Taft-Hartley Act）によって加えられた（前掲書, 172頁）。さらに1959年に制定されたランドラム＝グリフィン法（Landrum-Griffin Act）では，組合組織内部の腐敗・汚職行為の増大に対して一般組合員の権利を保障するという名目のもとに，組合内部の民主化や争議制限などがいっそう強化された（前掲書, 172頁）。しかし，このような法的規制にもかかわらず，労働組合の確固たる基盤の確立，それを背景とする団体交渉制度の定着化，巨大化した労働組合内の組織運営問題などによって，アメリカの労使関係は新たな局面を迎えることになる。

一方，この頃から労使関係管理に関する研究にも，人間関係論（Human Relations）に代わる新たな視点からの分析が加わる。それが行動科学（Behavioral Science）であり，欲求理論や動機づけ理論など組織における人間行動を研究対象とする行動科学の研究成果が，人事管理論や経営組織論だけでなく労使関係管理の分野にも積極的に導入されるようになった。

　こうしたなか，従来までのアメリカにおける労使関係管理に対して新たな行動科学的分析を取り入れ著されたのが，スタグナー＆ローゼン（Stagner, R. and H. Rosen）の『労使関係の心理学』（*Psychology of Union-Management Relations*, 1965）である。

　スタグナー＆ローゼンは，労使関係を組織対組織の関係という側面を重視し，企業および労働組合を組織，とりわけ公式組織（formal organization）と把握することから出発している。この点が，組織における非公式組織（informal organization）の特性に着目し，人間行動を感情的・非論理的側面から分析しようとした人間関係論的労使関係管理論と大きく異なる特徴である。

　それゆえ，スタグナー＆ローゼンは，「管理者（manager）も組合指導者（union leader）も，その行動のほとんどが組合や会社における彼らの役割からきている。(Stagner and Rosen, 1965, p.3 邦訳, 7頁)」と述べており，管理者も組合指導者も，それぞれ所属する会社や労働組合という強力な組織から，各々の行動や交渉を監視されているという意識や重圧が強くのしかかっていることを強調している。そのうえで，「どんな労使紛争でも問われるべき基本的問題は，紛争当事者に事実がどのようにみえているのか，どのような動機が含まれているのか，どのような欲求不満が関係して個人の満足の獲得を妨げているのかである。(*Ibid.*, p.55 邦訳, 107頁)」と指摘し，労使問題を理解する手がかりを「知覚（perception）」「動機づけ（motivation）」「欲求不満（frustration）」の解明に見出し，検証するのである。

　「知覚」についてスタグナー＆ローゼンは，ヒトは自身が現実だと思っているものによって導かれ，自分が知覚し作り上げたイメージに従って行動するととらえている。しかし他方で，個人の抱くイメージとは，所属集団によっ

て影響を受けるため，個人と集団の関係性に留意することの重要性を指摘している（*Ibid.*, p.5 邦訳, 12 頁）。また，「動機づけ」については，マズロー（Maslow, A.H.）の欲求理論によりながら，「人間は，最大の満足（maximum gratification）を与えると思うものを選択する。（中略）こうした最適な選択（optimization）とは，ヒトはその時点において自分にとって最善だと思えるものを代替手段のなかから選択することを意味する。（*Ibid.*, pp.28-30 邦訳, 54 頁）」と述べ，最大の満足が個人の最適な選択を行ううえでの行動決定基準になっているととらえている。さらに，「欲求不満」について，「欲求不満とは，目標が達成可能だと知覚されさえすれば攻撃（aggression）を引き出す。同様の論理で，もし目標が達成できないものと知覚されるならば，攻撃よりもむしろ無関心（apathy）があらわれるという結論を我々は下すことができる。（*Ibid.*, p.45 邦訳, 85 頁）」と考究している。それゆえ，このような労使の欲求不満こそが，団体交渉やストライキなど攻撃的な行為となって労使紛争に重大な影響を及ぼしており，仕事に対する無関心といった現象が，企業内での重要な問題を引き起こしていると分析している。

　スタグナー＆ローゼンは，このような「知覚」「動機づけ」「欲求不満」といった諸要素に多大な影響をあたえる組織には，「一定の動機の充足を可能にするもの（*Ibid.*, p.59 邦訳, 115 頁）」「グループ目標という手段を通じて，個人目標を達成するための媒介物（*Ibid.*, pp.59-60 邦訳, 116 頁）」という側面があると同時に，すべての目標には一定の欲求が作用しているとすれば，目標を中心にすえた集合体としての組織には，「欲求充足手段（a need-fulfilling vehicle）（*Ibid.*, p.40 邦訳, 152 頁）」という側面もあるととらえている。

　このようにスタグナー＆ローゼンは，労働組合や団体交渉が法的に規制・制限されるなかでも労働組合がより強力に組織化していくことを前提に，組織としての企業・労働組合や，労働組合を構成する組合員の行動特性を踏まえながら，労使の協力関係を形成するための行動科学的労使関係管理論を展開したのである。

5 現代における労使関係管理の動向

　1960年代のアメリカは，第2次大戦直後のベビーブームによって人口に占める若年層の割合が急増した結果，若年層の失業率上昇をまねくとともに，若年労働者を中心とする労働意欲の低下や高度に標準化された作業方法から労働疎外の深刻化，産業構造の転換に伴う技術者など専門職的労働者の急増によってホワイトカラーがブルーカラーの比率を上回ったことなどの要因も加わり，労働組合の組織率は徐々に低下しはじめる[9]。

　さらに1970年代に入ると，アメリカの産業界は2度にわたるオイルショックとインフレの加速，第2次大戦後最大の不況にみまわれたことなどによって，労働生産性が長期的に低下する状態に陥り，次第に国際競争力を失い，アメリカの国内市場だけではなく世界市場においても数多くの産業でそのシェアを奪われていった。特に，第2次大戦後の経済復興を遂げ，オイルショックを乗り切った日本企業による高生産性・高品質を基盤とした製品の輸出攻勢や対米工場進出は，アメリカの基幹的産業分野を脅かした。これによって，アメリカの産業界では大量の雇用喪失と生産額の減少をもたらし，労働生産性低下の問題はアメリカ経済再生のもっとも重要な課題となっていった（岩出, 1992, 230頁）。

　このような情勢のなかで，労働組合側は，産業構造・労働力構成の変化や雇用形態の多様化による組合組織率の全般的な低下傾向に加え，経済不振による失業者の増大に危機感を持ちはじめた（岩出, 2002, 24頁）。それゆえ，1970年代後半以降になると，賃上げよりも雇用確保を重視したり，これまで獲得してきた有利な労働条件の譲歩を認めるなど，労働組合運動の路線変更が余儀なくされるようになった（前掲書, 24頁）。また，敵対的・対立的な労使関係を克服し，労使協調による生産性向上を通じて競争力の回復をはかる取り組みも，労働組合の間で次第に意識されるようになる（前掲書, 24頁）。

　こうした労働組合勢力の相対的な弱化の傾向は1980年代に入っても依然として続き[10]，経営主導による労使関係対策，とりわけ組合の組織化回避の

再編が進められていくことになる。

　一方，このような兆候は，人事管理研究の領域でも徐々に現れてくる。従来までの人事管理論に代わり1980年代半ば頃から急速に普及し一般化した人的資源管理論（Human Resource Management : HRM）のなかでも，労使関係管理にまつわる考え方や取り扱いに変化が生じてくるからである。

　人的資源管理論を労使関係管理の視点から考察すると，その具体的な施策の多くは，行動科学や組織行動論の観点から従業員満足といった従業員個人への対応を中心として彼らの不平・不満を解消し，労働組合結成・加入感情を抑えようとしている（前掲書, 11頁）。すなわち，労使協調の確立を具体的には従業員の人間的諸欲求を充足することによって目指しながら，その根底には従業員に労働組合組織化の必要性を感じなくさせる，いわゆる発展解消論として「無組合状態の労使関係」を指向する方向性が包含されている（岡田, 2008, 146～147頁）。ここには，協調的な労使関係を構築するうえで主たる役割を果たすべき労働組合の存在は軽視されている。

　その後，人的資源管理論が戦略的人的資源管理論（Strategic Human Resource Management : SHRM）に進展するに従って，労使関係管理に関する事項は軽視・捨象される傾向にあり，従来までの集団的労使関係としての労働組合関係から，個別的労使関係としての従業員関係に管理対象の重点が移される動きがあらわれている（岡田, 2011, 85～86頁）。

　それゆえ，このような動きを反映して，労使関係や労使関係管理を主たる研究対象として1948年にアメリカで創設された労使関係研究学会（Industrial Relations Research Association : IRRA）も，2004年には雇用関係学会（Labor and Employment Relations Association : LERA）と名称を変更し，その対象分野を労働・雇用，そして職場へと広げている現状にある（黒田, 2006, 2頁）。

Ⅴ　むすび

　アメリカにおける労使関係管理論の歴史を概観すると，1930年代と1980年代が転機になっている。1930年代のニューディール政策期，労働者保護を主軸とした法整備によって労働組合は飛躍的に発展し，集団的労使関係の基本形態が形成され，ここに第1の転機として本格的な労使関係管理論が出現する。一方，1980年代に入ると労働組合の組織率は低下しはじめ，それに伴って集団的労使関係から個別的労使関係へと管理の重点が変化していく。それゆえ，労使関係管理論の変遷を考察する場合，1980年代が第2の転機であるととらえることができる。

　その後，1980年代から現在になるに従って，個別的労使関係を指向する動きはいっそう強まっている。これを労使間における交渉力の3要素という側面から考察すると，産業構造の変化，グローバル化や技術革新の進展などの環境要因の変化によって，アメリカ国内企業で需要される労働の不可欠性が低下し，同時に労働の代替性が高まり，それが労働組合の組織率低下，すなわち集中性の低下もまねいた結果，労働組合側の交渉力の低下に繋がったものと解することができよう。

　これは，従業員にとってもっとも重要な労働条件決定，とりわけ報酬・賃金の決定についても労働組合による規制力が弱まり，労使交渉が経営主導で進められることを意味している（青山, 2001, 195〜196, 212〜214頁）。それゆえ，集団的労使関係としての労働組合関係を看過し，経営側の裁量権を拡大しようとする動きが今後ますます進行するとすれば，経営主導という側面を完全に払拭することはできず，労働者を取り巻く状況のさらなる深刻化が懸念される（岡田, 2011, 85〜86頁）。

　翻って，日本における働く人びとの現状はどうであろうか。人口減少と少子高齢化が顕著に進行する現在の日本にあって，働く人に占める非正規従業員の割合は年々増加傾向にある。この非正規従業員の多くが，労働組合に所

属していない，あるいは所属できていない非組合員である。

　使用者側（企業側）にとって，労使間の協働・協調関係の構築に主たる役割を果たす労働組合の存在意義，労働者側（労働組合側）にとって，非正規従業員も含めた労働者の生活や権利を守るうえでの労働組合の使命と役割，労働組合を基盤とした集団的労使関係の意義，またそのために必要となる交渉力の3要素などについて，まさに検証と対応が迫られている。

付記：本章は，岡田（2013）をもとに，削除・加筆・修正したものである。

注

1) イギリスにおける労働組合の生成・発展や労働組合活動の変遷については，浜林（2002）を参照されたい。
2) こうした理解の他にも，「資本主義社会における資本と賃労働，資本家と労働者との基本的な矛盾・対抗関係，すなわち労資関係を，近代的な工業化された社会における労働の管理者（使用者，経営者）と労働の被管理者（労働者，従業員）との関係に置き換え，これに労使関係という概念が与えられるようになった（『日本大百科全書』小学館）」といった解釈や，「労資関係」については，「資本家と労働者の社会体制的階級関係の矛盾を表現する用語である（『経済学辞典　第2版』岩波書店）」とか，「生産手段の所有者である資本家と労働力の所有者である賃労働者との間の資本主義社会に固有な社会的関係において，賃労働者は労働力しか所有していないため，資本家によって雇用され賃金を得なければ生存することができない『経済的強制』を受けているし，雇用契約（＝労働力の売買契約）が成立した後は，資本家の指揮・監督への服従を要求されるなど，実質的には生産手段の資本主義的所有を基礎とする支配と隷属，搾取と被搾取の関係を包摂する用語である（『経営学大辞典』中央経済社）」といった解釈もある。
3) 詳細については，岡田（2008, 24～37頁）を参照されたい。
4) テイラーの以下の文献は，Taylor（1947）に所収されている。
   1. *Shop Management,* 1903.
   2. *The principles of Scientific Management,* 1911.
   3. *Taylor's Testimony Before the Special House Committee,* 1912.
5) テイラーの科学的管理の詳細については，岡田（2008）の「第1章　科学的管理の登場」を参照されたい。
6) 労働組合員数は，1915年に260万人，1916年に270万人，1917年に298万人，1919年に405万人，1920年に503万人と，1915年から1920年までの短期間に約2倍も増加している（Phelps, 1961, p.139）。
7) 労働組合員数は，全国産業復興法制定当時（1933年）に286万人であった労働組合員数

は，ワグナー法制定時（1935年）には373万人に，第2次大戦終戦時の1945年には1480万人に達し，さらに1947年には1541万人へと急増しており，1933年から1947年までの15年間で実に1168万人増加，比率にして1933年当時から5.4倍も増加している（Phelps, 1961, pp.158, 183, 197）。

8) 1940年代および1950年代に勃発したストライキの件数・参加組合員数（規模）は，ともにアメリカの歴史上，際立っている。特に，セレクマンがその著書『労使関係と人間関係』を手がけはじめた当時のストライキ件数・参加組合員数は，1944年：4965件・212万人，1945年：4750件・347万人，1946年：4985件・460万人，1947年：3693件・217万人と推移しており，ストライキの頻発している情況が如実にうかがえる（Phelps, 1961, p.285）。

9) メギンソン（Megginson, L.C.）は，労働組合員数が，1950年：1500万人，1958年：1800万人，1961年：1630万人，1964年：1790万人，全労働者に占める労働組合員の割合が，1950年：31.5％，1955年：33.2％，1960年：31.4％，1964年：28.9％と推移している情況を示しながら，労働組合の組織率低下や労働運動の衰退といった現実のなかで，伝統的な労働組合主義の重要性が相対的に低下していると指摘している（Megginson, 1967, p.54.）。

10) アメリカにおける労働組合の組織率は，1983年：20.1％，1984年：18.8％，1985年：18.0％，1986年：17.5％，1987年：17.0％と急速に低下している（岩出, 2002, 25頁）。

参考文献

Megginson, L.C.（1967）*Personnel: A Behavioral Approach to Administration,* Richard D. Irwin, Inc.

Phelps, O.W.（1961）*Introduction to Labor Economics,* 3rd ed., McGraw-Hill.

Selekman, B.M.（1947）*Labor Relations and Human Relations,* McGraw-Hill.

Stagner, R. and H.Rosen（1965）*Psychology of Union-Management Relations,* Belmont, Calif.: Wadsworth Publishing Com.（鶴巻敏夫訳『企業の行動科学4―労使関係―』ダイヤモンド社, 1969年）

Taylor, F.W.（1947）*Scientific Management, with A Foreword by Harlow S. Person,* McGraw-Hill.（上野陽一訳編『科学的管理法〈新版〉』産業能率短期大学, 1969年）

Tead, O. and H.C.Metcalf（1920）*Personnel Administration: Its Principles and Practices,* McGraw-Hill.

Yoder, D.（1938）*Personnel Management and Industrial Relations,* Prentice-Hall.

Yoder, D.（1942）*Personnel Management and Industrial Relations,* 2nd ed., Prentice-Hall.

Yoder, D.（1956）*Personnel Management and Industrial Relations,* 4th ed., Prentice-Hall.（森五郎監修・岡本英昭・細谷康雄訳『労務管理』（Ⅰ）（Ⅱ）日本生産性本部, 1967年）

青山秀雄（2001）「第7章 労働組合と労使関係管理」黒田兼一・関口定一・青山秀雄・堀龍二『現代の人事労務管理』八千代出版。

赤岡功（1989）「8 労使関係と産業民主化」赤岡功・岸田民樹・中川多喜雄『経営労務』有斐閣。

岩出博（1992）「第6章 人的資源管理の形成」奥林康司・菊野一雄・石井修二・平尾武久・

岩出博『労務管理入門〔増補版〕』有斐閣。
岩出博（2002）『戦略的人的資源管理の実相―アメリカSHRM論研究ノート―』泉文堂。
岡田行正（2008）『アメリカ人事管理・人的資源管理史（新版）』同文舘。
岡田行正（2011）「第3章　人的資源管理の史的展開と基本的視座」石嶋芳臣・岡田行正編『経営学の定点』同文舘。
岡田行正（2013）「アメリカ労使関係管理論の史的変遷と現代の動向」『修道商学』（広島修道大学学術交流センター），第53巻第2号。
黒田兼一（2001）「第1章　企業経営と人事労務管理」黒田兼一・関口定一・青山秀雄・堀龍二『現代の人事労務管理』八千代出版。
黒田兼一（2006）「人事労務管理の新展開―ヒューマン・リソース・マネジメントをどうみるか―」『立命館経営学』第44巻第5号。
浜林正夫（2002）『パブと労働組合』新日本出版社。
兵頭敦史（2016）「第4章　ユニオンを活用する　6　労働組合はどのように生まれたのか」高橋祐吉・鷲谷　徹・赤堀正成・兵頭敦史編『図説　労働の論点』旬報社。
森川譯雄（1996）『アメリカ労使関係論』同文舘。
森川譯雄（1999）「序章　労使関係の経営経済学的研究」海道進・森川譯雄編『労使関係の経営学』税務経理協会。

第 3 章

マーケティング理論の実用性

I 分析視角

　一般に，マーケティングという学問分野は実践的性格が強く，企業活動やビジネスに役に立つものと考えられている。企業活動の最大の目的は，数多くの顧客を獲得・維持するとともに，自社の財務的成果（売上や利益など）を向上させることである。マーケティングにかかわる知識がビジネスの実践に役立つというのであれば，これらの諸目的に資するものでなければならない。

　実際に，こうした実践的な発想を色濃く反映した書籍は数多く存在する。書店のビジネス関連の書棚には「売れる〇〇」「成功する〇〇の法則」などと銘打たれたハウツー（how-to）本が散見される。マーケティングを知り，実践すれば，ビジネスは自ずと成功するというわけである。

　他方で，こうした言説を真っ向から否定する主張も存在する。元経営コンサルタントのフェラン（Phelan, K.）は，『申し訳ない，御社をつぶしたのは私です。』（*I'm Sorry I Broke Your Company*, 2013）という衝撃的なタイトルの著書を出版している。その本は，彼女が長年のコンサルタント経験を振り返りながら，戦略策定にかかわるコンサルティング業務の内情や実態を赤裸々に語るという趣旨の内容で，（詳しくは後述するが）業務で利用する経営学やマーケティングの理論やモデルがいかに役に立たないかが論じられ，それらに頼るのはやめようという提案がなされているのである。

　このようにマーケティング理論の実用性に関してはさまざまな見解があり，必ずしも一枚岩的な合意があるわけではない。むしろ，相反する価値判断が同時に存在するアンビバレントな状況にある。われわれはこの問題をどのように考えればよいのだろうか。何もそれは一部のハウツー本に限った話ではない。著名なマーケティング学者コトラー（Kotler, P.）のテキスト『マーケティング・マネジメント』（*Marketing Management*）でもよい。その他の専門書や研究書，大学やビジネススクールの講義で教えられる内容でも構わな

い。マーケティングの知識や理論を身につければ，本当に実践に役に立つのだろうか，また役に立つとすれば，それはどういった意味においてなのか。本章では，フェランの主張（2013）を取り上げ，その批判的な検討を通じて，マーケティング理論の実用性にかかわる問題について考えてみたい[1]。

II マーケティングとは何か

　一般に，マーケティングとは企業のビジネス活動の一部であり，「売れるしくみ」を作ることだといわれている（嶋口, 1984, 28頁）。

　それは，魚釣りのようなものだといえばイメージしやすくなるかもしれない。魚をとるのに，いきなり川や海に飛び込み，素手で魚を追いかけ，捕まえようとする人はあまりいないだろう。なぜなら，魚をとるという目的からすれば，その行為は場当たり的であり，到底，効率的であるとはいえないからである。効率的に目的を実現するためには，その魚にあった釣り棹や糸，針，エサなどを組み合わせて仕掛けを作ったうえで，魚を釣ろうと試みるだろう。ビジネスも同様である。

　ビジネスにおいては，目当ての顧客を効果的に，かつ効率的に獲得するために，ターゲットにあった仕掛けや工夫を計画的に用意する。例えば，お年寄り向けにスマートフォンを販売する場合には，若者向けの製品とは違った売り方をするだろう。使いやすさを重視してスマホの機能やデザインを簡略化したり，低価格の料金プランを設定したりする。あるいは，お年寄りでも理解しやすい商品の説明や広告を心がけるだろう。かつて，マーケティング研究者マッカーシー（McCarthy, E.J.）は，こうした仕掛けの総称を「4Ps（Product, Price, Promotion, Placeという要素の総称）」と呼び，定式化した（**図表3-1**）。

図表 3-1　マーケティングの 4Ps

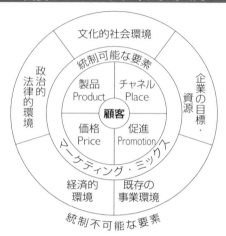

出典：McCarthy (1960, p.49).

　ここでのポイントは，ターゲット顧客ごとに抱えるニーズは違うということであり，彼らが持つニーズに見合った 4Ps の組み合わせ（売れるしくみ）を用意せよ，という基本的な発想がマーケティング活動の根底にある。ちなみに，4Ps を組み合わせる行為や，その行為を通じて考案された組み合わせのことを「マーケティング・ミックス（marketing mix）」[2] と呼ぶ。当然，この組み合わせ如何によってマーケティング効果に差が生じるので，企業は自らの目標達成にとって最善だと思われる組み合わせを講じるよう要求される（小島, 1978, 290 頁）。

　この点に関連して，経営学者ドラッカー（Drucker, P.F.）は主著『マネジメント』（*Management : Tasks, Responsibilities, Practices,* 1973）のなかで，マーケティングが目指すべき理想状態について語っている。彼は，真のマーケティングは顧客からスタートすると述べたうえで，「企業が何を売りたいか」ではなく，「顧客が何を買いたいか」を考えることが重要であると強調する。そのうえで，「マーケティングの理想は販売を不要にすることである。マーケティングが目指すものは，顧客を理解し，顧客に製品とサービスを合

わせ，自ら売れるようにすることである」と論じている（Drucker, 1973, p.64 邦訳，上巻78頁）。つまり，企業はマーケティング・ミックスを通じて，企業側から消費者に売り込まなくても，消費者の側から自ずと買いに来てくれるような状況を追求せよと述べているのである。

　もう1つのポイントは，企業のマーケティング活動はさまざまな環境に左右されることである。企業は，それを取り巻く経済，政治・法律，文化・社会，既存の事業環境（例えば，競争），企業の資源や目的からの影響を日々受けている（図表3-1の外円）。これらは企業が統制可能な要素としての4Psとは異なり，統制しにくい，あるいは統制不可能な要素である。企業は，これらの環境の変化を常に注視しつつ，その都度，創造的な適応をはかりながら，マーケティング活動を進めていかねばならないのである（小原, 2011, 56頁）。

III　市場の不確実性とマーケティング

　ではなぜ，ビジネスや企業活動においてマーケティングが必要になるのだろうか。その答えは，市場における交換と，その行為が本源的に有している不確実性という性質にかかわっている。

1　市場での交換

　これまで述べてきたとおり，マーケティングは製品やサービスの販売を促進する行為であるが，見方を変えれば，それは製品やサービスの「交換（exchange）」の実現を目指しているといってよい。というのも，製品・サービスを売るということは，他方でそれらを購入する消費者（買い手）の存在を前提とし，彼らが持つお金と引き換えてもらうことを目指すからである。

　このようにマーケティングとは売り手と買い手の間の交換活動であると定義したのが，マーケティング研究者のコトラーである。彼によれば，交換活

動とは，「ある当事者から他の当事者へと，経済財やサービスの所有権や使用がある種の支払いの見返りとして移転することに関わっている」(Kotler, 1972, p.47)。

さらに，コトラーは，交換が生じるための条件として，以下の6つをあげている。

「(1)2人あるいはそれ以上の当事者がいる。(2)財に希少性がある。(3)私的所有権という考え方がある。(4)ある当事者は，他方の当事者が保有する財に対して欲望を抱いている。(5)その「欲望を抱いている」側はその財に対して，何かしらの形で支払いが可能でなければならない。(6)その財を「所有している」側は，その支払いに対して，財を手放すことを厭わない。これらの諸条件が市場取引（market transaction）という概念の，あるいはより広い意味での経済的な交換（economic exchange）という概念の基礎にある。」(*Ibid*., p.47)

市場取引という意味での交換は，これらすべての条件が揃ってはじめて成立する。逆にいえば，1つでも条件が欠けるとそれは成立しない。例えば，製品やサービスを提供する企業が(6)の条件を不要なものとし，自らの提供物を無料で提供したとすれば，それは寄付や慈善行為である（市場取引とはいえない)[3]。また，消費者が(5)の条件を満たしていない（例えば，購買力がない）のに製品やサービスを入手した場合には，法的には，(3)を無視した窃盗・万引などの略奪行為になる。これもまた市場取引とはいえない（酒井，1995，75〜76頁)。

2 市場の不確実性とマーケティングの役割

以上のように，市場交換ないし経済的な交換は，ある一定の条件の組み合わせの下で成り立つ社会的な行為であると考えられる。では，現実の世界において，市場での交換や売買は常に，あるいは容易に成立するものなのだろ

うか。

　そうではないことは周知の通りである。われわれが暮らしている社会は市場取引を前提としており，企業と消費者が自由な意志に基づいて製品・サービスを売買することができる。だが，そこで製品やサービスの交換を成立させることは殊の外難しい。企業は自社の製品を売れるだろうと期待して生産するけれども，現実が期待どおりになる保証はどこにもない。もし先の交換を成立させる (1)〜(6) の条件が整っていたとしても，別の企業が自社以上によい条件を提示していれば（例えば，同水準の価格で製品の品質がよいなど），消費者は別の企業から購入する可能性がある。

　このように企業は，自社製品が売れないかもしれないという不確実性に絶えず晒されている。交換においては，常に期待したとおりの結果が得られるわけではないし，むしろ期待どおりに事が運ばない方が当たり前なのである[4]。こうした交換や売買に伴う不安定さは「市場（販売）の不確実性」と呼ばれ，企業はそれに伴って損失を被るかもしれない危険性を本来的に抱えているのである（薄井, 2003, 4〜5頁）[5]。

　企業によるマーケティングの役割はまさに，この点にかかわっている。いま企業の立場に立ち，企業活動を持続させたいと思うのであれば，極力，市場の不確実性を回避しようと試みるだろう。企業活動のなかでマーケティングが必要になる理由は，ここにある。

　　「個々の企業のマーケティングというのは，言葉を変えれば，市場システムのなかで，販売の偶然性（市場の不確実性）をできるかぎり緩和し，自分たちの製品を確実に売ろうとするための努力であるということができます。そして，こうした努力を，ひとりセールスマンだけに負わせるのではなく，製品，価格，チャネル，プロモーションを適切に組み合わせることによって行っていくということこそが，4Pモデルが意図していることなのです。」（薄井，前掲書, 5頁,（　）内は追加）

つまり，マーケティングとは，4Psというツールを利用して，交換におけるさまざまな不確実性や偶然性を可能な限り取り除き，市場における交換を実現・促進させる企業の活動であるといえるだろう。

IV　マーケティング理論の限界

　それでは，マーケティングの理論や知識を身につければ，市場の不確実性をコントロールできるようになるのか。すなわち，市場の取り引きや売買における不確実性を緩和したり，解消することはできるのだろうか。

　この点ついてはさまざまな見解があると思われるけれども，マーケティング理論は何の役にも立たないと述べた人物がいる。本章の冒頭で触れた元経営コンサルタントのカレン・フェランである。彼女は，『申し訳ない，御社をつぶしたのは私です。』のなかで，長年のコンサルティング業務に携わった経験に基づいて，戦略策定にかかわるコンサルティング業務の内情を赤裸々に語るとともに，経営学やマーケティングの理論やモデルがいかに役立たないかを論じ，それらに頼るのはやめようという提案をしている。

　以下では，この主張を取り上げて，批判的に検討してみよう。

1　フェランの主張（2013）の概要

　経営コンサルタントは，経営学やマーケティングの最先端の理論やモデルを使い，収集した数値データに従って，クライアントに対して戦略策定のアドバイスを下す職業である。だが，フェランによると，コンサルティング業界においては，毎年のように新しい理論やモデルが流行っては廃れていくだけで，思うような成果があがらない。それはまるでダイエットとリバウンドを繰り返すヨーヨーダイエット（yo-yo dieting）のようなもので，ひどい場合には，かえってクライアントの業績を悪化させてしまう（Phelan, 2013, p.5 邦訳, 26頁）。彼女にとって，経営コンサルタントは「見掛け倒しの方法論」

第 3 章
マーケティング理論の実用性

や「人を煙に巻く専門用語」と「鼻持ちならない傲慢さ」で武装する的外れなアドバイザーとして描かれている（*Ibid.*, p.5 邦訳, 24 頁）。

フェランは，経営コンサルタントのアドバイスが当てにならない理由の 1 つとして，将来を正確に予測することの難しさを，次のように指摘する。

> 「私たちは企業経営の専門家や経営コンサルティングファームのせいで，ビジネスというのは論理的なものであり，すべて数字によって管理できると思い込んでいる。モデルや理論に従えば成功への道筋が示されると信じてきた。
>
> ところが企業がさまざまなモデルを導入し，数値データに従って意思決定を行っても，期待していたような成果は決して得られない。なぜなら，ビジネスは理屈どおりにはいかないからだ。」（*Ibid.*, p.4 邦訳, 23 頁）

> 「戦略策定の実行における問題は，戦略策定は，今後の経済状況や，業界の変化や，競合他社の動向や，顧客のニーズを予測することができることが前提となっている点だ。しかし，そんなことがまともにできる人間はいない。」（*Ibid.*, p.19 邦訳, 49 頁）

なぜ，われわれは正確な予測ができないのだろうか。その大きな理由としては，ビジネスの現場で行為し，活動しているのは，指令どおりに動く機械ではなく，自由な意志（will）と感情を持つ人間だからである。生身の人間の行動を正確に予測することは難しい。フェランによれば，「ビジネスとはすなわち『人』なのだ―非理性的で感情的で気まぐれで，クリエイティブで，面白い才能や独創的な才能を持っている人間たちのことだ。そんな人間が理屈どおりに動くはずがない」のである（*Ibid.*, p.4 邦訳, 23 頁）。

フェランが理論やモデルの実用性に対して懐疑的な主張を展開するのは，おおよそこうした文脈においてである。この主張をもう少し詳しく理解するために，彼女がコンサルティングファームに勤務していたときの，ある体験

談を確認しておきたい。

2 将来の予測の不可能性について

1990年代，ジェミニ・コンサルティング（Gemini Consulting）はビジネスプロセス・リエンジニアリングの名の下に，リストラや業務の効率化を支援するコンサルティングファームとして急激な成長を遂げていた。ジェミニは一時期，ある大手化学メーカーの不振事業部門の変革と，同社の株主資本利益率（return on equity：ROE）の向上に取り組んでいた。フェランは，当時，設備投資の効率改善を実施するプロジェクトのリーダーで，ある事業部の工場を増設するかどうかを検討していた。

フェランらは，この投資案件を判定するモデルを開発し，予測されるリスクと利益への影響を計算した結果，投資利益率（return on investment：ROI）の観点からして，工場の増設は費用対効果が見合わないという結論を下した。「もちろん予想収益は概算だが，製品需要が引き続き同じペースで伸びていくことを前提として計算した予測だった」（Phelan, 2013, p.16 邦訳, 44頁を一部修正）。

この結論に対して，工場の増設を希望していた化学メーカーの事業部長は激怒し，反対した。両者の対立がどう調停されるかは，クライアントである化学メーカーの経営陣の意思決定に委ねられた。結局，数ヵ月後に，事業部長側の意向が反映された形で工場増設が決定され，その知らせを聞いた著者らは，非常に落胆したのだという（*Ibid.*, p.16 邦訳, 44頁）。

だが，話はこれに尽きない。数年後，フェランを含めたコンサルタント側が出した需要予測が完全に間違っていたことが判明したのである。当該製品分野においては技術革新が相次ぎ，当初は予想もできなかった新しい活用法やそのための新製品が次々に誕生した。実際の市場需要はフェランらの予測をはるかに上回り，クライアント企業は生産能力を大幅に拡大する必要に迫られたのである（*Ibid.*, p.16 邦訳, 44〜45頁）。

結果だけをみれば，化学メーカーの事業部長の判断が正しかったのである。

第 3 章
マーケティング理論の実用性

フェランは次のように回顧している。

　「例の事業部長だけが，ただのまぐれか，優れたビジネス感覚の賜かわからないが，他の誰も見抜けなかった業界の展望を見据え，算出された予測数値データの数字に逆らってまで，工場を増設し生産能力を増強するという正しい判断を下したわけだ。
　それにしてもあれほど多くの新製品が出てくるなんて，いったい誰が予想できただろうか。はっきり言って，数値データが導き出した通りの将来を実現しようとした私たちの試みは大失敗だった。そもそも，将来を正しく予測することさえできなかったのだ。」(*Ibid*., p.18 邦訳, 47～48 頁を一部修正)

　フェランは，こうした苦い経験を回顧した後で，次のように問うのである。世界的に有名な経済学者でさえ，将来の株価の動向や，2008 年に生じたリーマンショックを事前に予測できた人は誰一人としていなかった。にもかかわらず，将来を予測し，将来の事業構想に従って計画を実行に移すことがベストプラクティスとして求められている。つまり，ビジネスの世界では現実には実行不可能なことが求められるのであり，それはまったく奇妙な話ではないかと (*Ibid*., p.19 邦訳, 50 頁)。
　さらに，こうした将来の予測不可能性の主張に基づいて，次のような結論が引き出されるのである。「私の提案は，役に立たない経営理論に頼るのはもうやめて，代わりにどうするかということだ。ともかく大事なのは，モデルや理論などは捨て置いて，みんなで腹を割って話し合うことに尽きる」と (*Ibid*., p.7 邦訳, 28 頁)。結局，マーケティングや経営学の知識よりも，従業員の間での対話やコミュニケーションを促し，人間関係を改善することこそが業務の改善に繋がるのであり，コンサルタントは組織の調整役に徹するべきだと主張されるのである。

V　マーケティング理論の実用性

　フェランの予測不可能性の議論をまとめるとこうである。化学メーカーの工場を増設するかどうかに関して，ROI をはじめとする数理モデルを利用して投資効率を計算した。だが，現実には，技術革新や新製品の登場により，製品需要が予想よりも激しく変動する不測の事態が生じ，結果として，フェランらの予測結果が大きく外れた。現実は，予想どおりにはならない。役に立たない理論に頼ることはできない，と。より単純化していえば，(1)われわれは将来の出来事の予測のためにマーケティングの理論やモデルを利用する。だが，(2)将来を正確に予測することはできない。よって，(3)役に立たない理論は捨てよ，と要約できる。

　このフェランの議論は，科学における予測の役割や限界について重要な指摘をしており，個人的には，彼女の主張にはほぼ同意する。ただし，結論部分については事情が異なる。山登りに例えるならば，9合目まではフェランに賛同するけれども，最後の10合目については首肯できないといったところであろうか。具体的には，先の (1)われわれは将来の出来事の予測のためにマーケティングの理論やモデルを利用する。だが，(2)将来を正確に予測することはできない，までは同意見である。だが，そこから (3)役に立たない理論は捨てよ，と結論づけられることには非常に違和感を覚える。

　今後の論点を明確にするために，筆者の見解を先に述べておくと，先の (1) と (2) の議論から，結論部分の (3) は必ずしも導出されないし，そうする必要もないというのが私の主張である。そこで，これ以降，(1) と (2) の議論が正しいと思われる理由を論じる。その後で，(1) と (2) の議論からフェランの結論部分 (3) が導出される必要はないことを論証するとともに，マーケティングの理論の実用性に関して，フェランとは幾らか異なる方向性を持つ結論を導き出してみたい。

第 3 章
マーケティング理論の実用性

1 予測は理論を必要とする

　まずは，フェランの議論（1）われわれは将来の出来事の予測のためにマーケティングの理論やモデルを利用することについて，科学における予測とそこでの理論の役割という観点から確認しておこう。

　科学とは一般に，自然科学や社会科学を問わず，さまざまな出来事を説明したり，予測したり，実験（テスト）を実施する活動だと考えられている。ここでいう実験（テスト）は，建物の耐震実験や新薬の人体実験のように，ある種の予測結果の真偽を確かめることであるとみなすならば，科学の基本的な営みは，結局のところ，説明と予測に集約されることになる（小河原, 1997, 92頁）[6]。

　では，説明や予測とはいったいどのようなものか。常識的には，特定の出来事が生起するのには原因があり，その原因を指摘することが説明である。他方で，その原因が特定できれば，その結果を推測的に導出することができるようになる。例えば，庭でネズミが死んでいたとしよう。その原因を探り，そのネズミは大量の殺鼠剤を含んだ餌を食べたのだろうと仮説を立てることが説明である。他方で，大量の殺鼠剤を含んだ餌を食べると，ネズミは死ぬだろうと推測することが予測である[7]。このように説明と予測はそれぞれ原因と結果について言及している点で異なっているけれども，両者は同一の論理構造に従っているといえる。

　科学においても，その考え方に変わりはない。ただし科学の説明・予測においては，より形式的な厳密さが要求される。というのも，先の説明における「庭にいたネズミが殺鼠剤入りの餌を食べた」という原因（初期条件）を指摘しただけでは，なぜ殺鼠剤がネズミを死に至らしめるのかという問いには十分に答えられないからである。そこで殺鼠剤の成分（例えば，リン化亜鉛など）とネズミの致死との関連性について言及する普遍法則（一般に法則や理論）と呼ばれるものが必要になるのであり，普遍法則とセットで初期条件を指摘することが説明に求められるのである。

図表 3-2　被覆法則モデル

```
L or T（普遍法則または理論）  ┐
I（初期条件［原因］）          ├ 説明項（前提）
                              ┘            ┐ 演繹
E（被説明項［結果］）  ←──────────────────────┘
```

出典：Popper（1972, p.351 邦訳, 390 頁）を一部修正。

　科学的説明において，こうした要求を課しているのが被覆法則モデル（covering-law model）[8]である（**図表 3 - 2**）。それに従えば，因果的な説明とは，説明項（推論の前提）と呼ばれる前提から，被説明項（説明される出来事や結論）と呼ばれる結果を演繹することであり，説明項にあたる部分が，普遍法則と初期条件という2つの前提の要素を用いなければならない（Popper, 1972, p.350 邦訳, 389 頁）。具体的には，普遍法則とは「もしネズミが1グラムの殺鼠剤（リン化亜鉛成分を含む）を食べれば，そのネズミは5分以内に死ぬだろう」，初期条件は「庭で死んでいたネズミは，5分以上前に，少なくとも2グラムの殺鼠剤を食べた」と表現できるかもしれない。この2つの前提があってはじめて，厳密な形で，「庭でネズミが死んだ」という被説明項が説明可能になるのである（*Ibid.*, p.350 邦訳, 390 頁）。

　被覆法則モデルの考え方に従えば，フェランの議論（1）は，何ら問題を含むものではなく，むしろ，通常の科学的予測の手続きを踏まえた正当な発言であるといえる。科学における予測とは，初期条件とともに，何らかの理論や普遍法則を使って，特定の出来事（結果）を導出することである。実際に，彼女はコンサルタントとして，ROIの判定モデル（理論に相当する数理モデル）を用いて，そこに実際の数値（初期条件）を代入することで，クライアントである化学メーカーの収益性の予測を試みたのである[9]。まさに通常の科学的な手続きに沿った予測を，コンサルティングの現場でも実践していたといえるのである。

第 3 章

マーケティング理論の実用性

2 将来の正確な予測の不可能性

　次に，フェランの議論（2）の検討に移ろう。そこでは，将来の出来事を正確に予測することはできないと論じられている[10]。この主張にも同意する。

　将来を正確に予測できないと考える理由は，学問としてのマーケティングが取り扱う出来事や現象の特性に大きくかかわっている。本章Ⅲで説明したように，マーケティングは，主に市場での交換活動を取り扱い，研究する学科領域である。市場での交換活動は，人間の行動やその相互作用によって生み出される社会現象であり，主として2つの理由から将来の正確な出来事の予測を不可能にする。

　まず，（ア）ある出来事の生起に影響を及ぼす要因が無数にあり，われわれは関連する変数をすべて漏れなく特定することはできないからである。本章Ⅱで取り上げたマッカーシーの4Psの図（図表3-1）を思い出してもらいたい。そこでは，企業のマーケティング活動を取り巻く環境要因として，消費者，経済，政治・法律，文化・社会，競争企業，企業の資源や目的などがリストアップされている。それらを実際の個別企業の置かれた状況に落とし込み，より具体的な影響要因として特定した上で，当該企業の活動にどう関係し，どのような作用を及ぼしているのかを事細かに把握しつくすことができれば，確かに「Aという商品は確実に売れる」とか，「B社の売り上げは確実にあがる」などと精密な予測が立てられるのかもしれない。だが，こうした特定作業を実際に行うことは困難である。なぜなら，現象の観察者であるわれわれ人間は，認知能力に限界があるという意味で「無知」な存在であり，この世界で生じていることをすべて知りつくすことなど不可能だからである（この議論は，本書第4章で詳しく論じるので，ぜひ参照されたい）。

　それに加えて，（イ）マーケティングの環境要因は，流動的で，時々刻々と変化を遂げるものが多い。もっともイメージしやすいところでいえば，消費者の好みや欲求がそうだろう。あるいは，輸出企業にとっての為替の変動でもよい。それらは時間とともに，常に変化し，われわれの予測を攪乱する作

用を持つ。その変化を踏まえた上で予測を立てるのは至難の技である。なぜなら，本来，正確な予測というのは，固定された条件とその組み合わせの下でのみ成立するのであって，条件そのものが質的にも，量的にも変化した場合には，当然，思いどおりの予測結果は得られないからである。端的にいって，予測とは「○○の条件のもとで△△が生じる」と述べることである。○○という条件そのものが変化すればするほど，帰結としての△△の予測精度は逆に下がっていくといえば，理解しやすくなるかもしれない。

　フェランの予測が誤りだったと判明したケースでは，まさにそうした条件の変化が生じていたのである。フェランらは，クライアントである化学メーカーの工場増設を検討する際に，ROI（投資利益率）を計算し，収益性を予測したけれども，製品需要の見込みが外れてしまった。製品需要がその後も同じペースで推移すると仮定していたが，実際にはその見込みを超えるペースで製品需要が増大したのである。再度，フェランの主張を引用しておこう。

　「（工場増設が決定した）数年後，私たちの需要増加予測はとんでもなく甘かったことが判明したのである。この製品の分野では技術革新が相次ぎ，かつては想像もできなかったような新しい活用法やそのための新製品が次々に誕生したのだ……中略……それにしてもあれほど多くの新製品がでてくるなんて，いったい誰が予測できただろうか。はっきり言って，数値データが導き出したとおりの将来を実現しようとした私たちの試みは大失敗だった。そもそも，将来を予測することさえできなかったのだ。」（*Ibid.*, pp.16-18 邦訳, 44～48頁，（　）内は筆者）

　このフェランの発言は，将来の正確な出来事の予測を不可能にする理由（ア）（イ）に合致する内容であり，その傍証となるだろう。マーケティング環境の変化は激しい。時間の経過とともに技術革新が生じたり，かつては想像もできなかった製品の新しい活用法や新製品が次々に誕生する。諸々のビジネス環境の変化を考慮したうえで，将来の需要に関して，正確に定量的な

第 3 章
マーケティング理論の実用性

予測を行うことは極度の困難さを伴う。いみじくもフェランが述べているとおり，現実のビジネスの世界において，正確に将来を予測し，将来を構想したとおりに実行することがベストプラクティスになっているというのは，なんとも奇妙な話である。

3 理論は役に立たないのか

最後に，フェランの議論の (3) 役に立たない理論は捨てよ，という結論部分の検討に入ろう。フェランの議論のなかで，唯一，首肯できない部分である。

フェランは，マーケティングの理論やモデルが役に立たない理由を，将来の正確な予測ができないことに求めている。つまり，正確な予測ができないのは，そこで利用された理論に原因があり，理論の責任だと論じられているのである。だが，本当にそうだろうか。

ここで問われるべきことは，予測の不可能性と理論の関係性である。化学メーカーのROIを計算したケースに当てはめて考えてみよう。ROIの一般的な計算式において，製品需要は説明項を構成する初期条件の1つである（下記数式の右辺分子に該当する）。なぜなら，化学メーカーの将来的なROIの数値を推定する作業においては，見込みの製品需要を当該製品の見込みの売上高（利益＝売上高−売上原価）と同義とみなし，当該計算式に代入されるだろうからである。何度もいうように，フェランらはその製品需要の見積りを見誤ったのであるが，その誤りの責任は，予測に用いられた理論，すなわちROIの数理モデルに帰せられるのだろうか。

$$\text{ROI} = \frac{\text{利益}}{\text{投下資本}}$$

[被説明項]　　　[説明項]

そのように考えるのは，明らかに筋違いだろう。なぜならば，ROIの数理

モデルは，右辺（説明項）から左辺（被説明項）が導出されるという関係性について述べているだけであって，説明項を構成する製品需要（あるいは売上高）を説明・予測するために考案されたモデルではないからである。要するに，フェランが計算式に代入する売上高の見込み数値（初期条件）の特定や見積りに失敗したというだけの話で，使用した数理モデルとそれに基づく予測という科学的手続き自体に何らかの瑕疵があったというわけではないのである。ROIを正確に予測できなかったからといって，その責任を利用した理論に押し付けるのは不当であり，的外れな主張であるといえよう。

　もし将来の製品需要の予測を行いたいのであれば，ROIの数理モデルとは別の理論が新たに必要となる。本章Ⅴ1における被覆法則モデル（図表3-2）の議論に基づけば，将来の製品需要が被説明項に位置づけられるとともに，それを導出するための理論が要請される。だが，将来の製品需要について正確な予測を可能にする理論など存在するのか。前項での議論を踏まえると，そのようなものは期待できないし，今後も登場する見込みはほとんどあり得ないだろう。なぜなら，将来の所与の時点において，特定の企業の需要に関して，すべてのビジネス環境の変化を考慮したうえで，正確さを伴う定量的な予測を可能にする理論を考案できると考えるのは，あまりに素朴すぎるからである（こうした科学における発想は，決定論信仰の名残であると思われる。決定論の議論については，本書第4章を参照のこと）。

　仮にフェランの提案が，将来の製品需要について正確な予測を可能にする理論に限って，われわれは追求することを断念すべきであるし，この種の理論に頼る必要はないという内容だったとすれば，彼女の見解に全面的に同意する。だが，彼女の提案内容はそうではない。フェランの提案は「理論そのものを捨てよう」という極端な内容であり，本来ならば捨て去る必要のない理論まで捨ててしまおうという主張だからである。

　一般的に，理論やモデルが役に立つ／立たないという実用性を考えるときには，それらが現実世界の現象を説明・予測できるかどうかが問題になる。確かに，現在，われわれが利用できるマーケティングの理論は，その意味で

第 3 章
マーケティング理論の実用性

の実用性（説明力・予測力を持つ）を持っているかと問われると，フェランの指摘するとおりだろう。これまで確認してきたとおり，将来の出来事についての確実な予測をもたらすような理論など存在しない。それゆえに，マーケティングの理論やモデルを身につければ，即座に確実な成功をもたらすとか，不確実性が解消されるという意味で役に立つことはないだろう。理論やモデルは確実な成果や結果を常に保証する類の知識ではないし，その意味で役に立つことはないのである。事実，一部のマーケティング研究者は，その限界をはっきりと認めている[11]。

　一方で，われわれは日々生活するなかで，確実ではない知識を利用（応用）しながら，問題解決をはかろうとしている。ビジネスにおいても，手元にある理論やモデルをつぎはぎ的に組み合わせながら，大づかみな予測をしたり，計画を立てることで，直面する課題に何とか対応しようと試みることが多い。われわれが日常的に認識し，思考する際には，必ず何らかの理論やモデルを前提にしているのである。この意味で，理論は確実に役立っている。というよりも，それらに頼らず生きていくことはできないだろう[12]。

　したがって，フェランのように，知識が確実なものでないから捨てよと極端に走るのは現実的な選択肢ではない。そうではなく，理論やモデルの限界を自覚することのほうが重要である。企業の実際の活動やコンサルティングの現場においては，常に，それらが将来的な結果を保証するものではないという限界を知ったうえで利用すること。また，理論を開発したり，修正したりする研究の場においては，現在ある理論のどこに問題を抱えているのか，それをどう修正していけばよいのかを常に考えることである。マーケティング研究を含めて，これまでの科学の歴史を振り返ってみると，どんな理論であれ，それが生み出された当時に経験可能な限られた条件，限られた範囲のなかだけで成り立つ理論だということが後日判明し，新しいより優れた理論に置き換えられるということが，繰り返し起きてきた（内田, 2002, 46〜47頁）。一足飛びに確実な知識に到達することはできないが，理論を変更していくなかで，われわれの知識を少しずつ，よりよいものに変えていく可能性は

残されている。重要なことは，理論やモデルの限界を認めることと，そのうえで，それらをどう前進させるかを考えることである。

ようやく本章の結論に到達した。フェランの結論部分は，次のように置き換えられるだろう。すなわち，（正確な予測ができないという理由から）役に立たないと思われる理論やモデルを必ずしも捨てる必要はない。それらをよりよいものに修正したり，置き換えていくことのほうが重要である。

VI　むすび

個々の企業にとって，マーケティング活動は，市場の不確実性をできる限り少なくし，自社製品・サービスをできるだけ多く売るために導入された試みである。とはいえ，販売の偶然性をゼロにするとか，すべて解消してしまう力を持っているかといえばそうではない。つまり，マーケティング理論はそうした効力を持つ魔法の剣ではない（薄井, 2003, 5頁）。

これまでの議論を踏まえるならば，本章の冒頭で触れたような，一部のハウツー本で見られる「売れる○○」や「成功する○○の法則」といった言説もまた，ビジネスの世界では成立し得ないことがわかる。それは，占い師や手相見の発言と同じ類のものである。だが，厄介なことに，ビジネスの世界では専門家と藪医者の発言を区別することが非常に難しい（Hayek, 1991, p.39 邦訳, 32頁）。極端な例かもしれないが，経済のトレンドについて研究者（専門家）が述べた予想が外れて，占い師や手相見（藪医者）の予想が当たることもある。偶然性や不確実性を持つ世界だからこそ，そうした可能性を完全に排除することはできない。いずれにしても，上述のような一部のハウツー本的な言説が持つ特有の知的怪しさは，科学的な知識を確実なものとみなすことに起因している。

まさに，そうした不当な思い込みを間接的な形で暴き出した点はフェランの功績だろう。だが，彼女の場合，理論やモデルがまったく頼りにならず，

放棄すべきだとする極端な懐疑論に飛躍してしまっている。あくまで推察に過ぎないが，そうなった背景には，元々，科学を確実視する態度があったのかもしれない。彼女自身が理論やモデルを確実な成果や結果を保証するものと考えていたからこそ，その期待が長年のコンサルティング経験をつうじて大幅に裏切られてしまった。そうした誤った科学観を信奉していたからこそ，その反動も大きかったのではないだろうか。

　この推測が正しいかどうかは，本人に確かめてみないとわからないが，それが正しいとすれば，ハウツー本にしても，フェランにしても，科学を確実なもの（＝役に立つもの）とみなすか，不確実なもの（＝役に立たないもの）とみなすか，という極端な二分法のなかで思考が縛られ，抜け出せていないところに問題があるといえる。つまり，どちらの立場も，科学や知識の性質を十分に理解していないことから生み出されたものである。理論の実用性に関する現実的な答えは，そうした二分法の呪縛から逃れて，理論の限界を注意深く見極めることに隠されているのではないだろうか。

注

1) マーケティングの理論と実践の関係性について正面から取り上げている数少ない研究としては，堀田（1981）や Hunt（1976）がある。ぜひ，参照されたい。
2) ちなみに「マーケティング・ミックス」という概念をはじめて使用したのは，ボーデン（Borden, N.H.）であるとされる。彼は，製造業者のマーケティング・ミックスの構成要素が(1) 製品計画，(2) 価格設定，(3) ブランド設定，(4) チャネル，(5) 人的販売，(6) 広告，(7) 販売促進，(8) 包装，(9) ディスプレイ，(10) サービス，(11) 物的流通，(12) 事実の収集と分析という 12 の項目から構成されると考えていた（小島, 1978, 290～291 頁）。
3) 無論，企業がこうした非営利的な社会活動を実施することは実際にはよくあることであるし，その行為自体を否定するわけではないが，実質的な反対給付を伴わない場合には，経済的な交換とはいえないだろう。
4) コンビニエンスストアでは，店内で売れた商品のデータが日々，POS（販売時点情報管理）システムに蓄積されていく。おにぎりという商品が，いつ，どこで，どれだけ売れたのか，在庫として売れ残ったのかを，具体的かつ正確な数値で知ることはできる。また，そのデータをもとに当該商品の仕入れに関する仮説が立てられ，それが実際にどれだけ売れたかを検証する作業が日常的に行われている。だが，過去のデータ（今週木曜日に当該商品が 10 個売れた）が，そのまま将来に当てはまる（来週木曜日も 10 個売れる）保証はどこにもない。セブン＆アイ・ホールディングスの元会長・鈴木敏文氏は「POS が出すのは『昨日の顧客』

のデータであって,『明日の顧客』のデータは出してくれません」と述べている（鈴木, 2013, 123 頁）。この表現は販売の不確実性を的確にいいあらわすものであろう。

5) 人間の行動は，将来の結果をはっきりと予測できないことが多い。これを一般に，不確実性（uncertainty）という。酒井（1996）によれば，不確実性とは，すべての物事が 100% の確かさで生じる世界（確実性の世界）とは異なり，人間の行為と結果の対応関係が明確ではなく，複雑であり，複数個の結果が出るような世界である（32 頁）。また，経済学者のナイト（Knight, F.）によれば，不確実性とは，確率（統計的確率や頻度確率）を付与できないものであり，大数の法則を働かせたり，保険をかけて対処することのできる「危険（risk）」とは本質的に異なる。企業は日々，こうした不確実性に直面しており，企業が競争に勝ち残るためには，この不確実性に巧みに対処しうる人間を選択し，適切なポジションに配置しなければならない。その配置が成功し，その企業が不確実性にうまく対処し得た場合にのみ，利潤が発生するのである（経済学史学会, 2000, 278 頁）。

6) 本文で，科学の基本的な営みは説明と予測であると述べているが，実験（テスト）がそこから除外されるという意味ではない。実験（テスト）は，理論の誤りや問題点を指摘し，それを克服することで科学は進歩すると考えられる。むしろ，実験（テスト）は，われわれの認識を進歩させる極めて重要な役割を担っているといえるのである。

7) ネズミの事例は，ポパー（Popper, K.R.）の著作『客観的知識』（*Objective Knowledge : An Evolutionary Approach*, 1972）所収の付録「バケツとサーチライト―二つの知識理論」から借用したものである。

8) 被覆法則モデルは，モデルの提唱者である科学哲学者のポパーにちなんでポパーモデル，あるいはヘンペル（Hempel, C.G.）とオッペンハイム（Oppenheim, P.）にちなんでヘンペルオッペンハイムモデルと呼ばれている。

9) ROI の数式が厳密に普遍法則や理論といえるかどうかは，さしあたり，ここでは問わないでおく。それは簡単な方程式によって表現された「数理モデル」，あるいは「数学モデル」というべきであろう（Hunt, 1976, p.26 邦訳, 45 頁）。

10) フェランは，将来の出来事の正確な予測ができないと主張する際に，「将来」が何をさすのか，それが現在からどれくらい時間的な距離を持つのかを明確に規定していない。本文中で紹介した化学メーカーの需要予測の場合だと，彼女は「数年後の化学メーカーの需要予測が外れた」と主張しており，かなり長期的な予測を想定している。

11) 例えば，現在の消費者行動研究の第一人者である阿部周造氏は，当該分野における主流派の研究アプローチや研究一般について，次のように述べている。「現在までのところ情報処理アプローチによって消費者行動の説明に十分な成果があげられているかというと評価は控えめにならざるを得ないと思われる。統計的な表現をするなら，確かに理論によって説明される部分はあっても，説明し残される部分が相対的に大きいからである。そして説明に基づいて予測を行うという考え方に立つとき，説明力の低さはそのまま予測力の低さに繋がっており，情報処理アプローチでは予測にも十分成功しているとはいえない。したがって実用性の点でもそれはまだ低い評価しか得られていないことになる。」（阿部, 2001, 5 頁）。

12) われわれが現象を観察し，理解する際に，ありのままの現実をそのまま受け取り，理解す

るという意味での純粋な認識や観察は存在しない。われわれの観察はすべて，現在われわれがもっている理論や知識に依存した意味での把握である。このようにわれわれの認識において理論が観察に常に先行することを「理論負荷性（theory-ladenness）」という。

参考文献

Drucker, P.F.（1973）*Management : Tasks, Responsibilities, Practices*, Harper & Row.（上田惇生訳『ドラッカー名著集 13 マネジメント［上］─課題，責任，実践─』ダイヤモンド社, 2008 年）

Hayek, F.A.（1991）On Being an Economist, in Bartley, W.W. and Kresge, S.（ed.）,*The Trend of Economic Thinking : Essays on Political Economists and Economic History*, *The Collected Works of F.A. Hayek*, Vol.3, Liberty Fund, Inc.（森田雅憲訳「経済学者になるということ」古賀勝次郎監訳『ハイエク全集第Ⅱ期第6巻 経済学論集』春秋社, 2009 年）

Hunt, S.D.（1976）*Marketing Theory : Conceptual Foundation of Research in Marketing*, Grid, Inc.（阿部周造訳『マーケティング理論』千倉書房, 1979 年）

Kotler, P.（1972）A Generic Concept of Marketing, *Journal of Marketing*, Vol.36（April）, pp.46-54.

McCarthy, E.J.（1960）*Basic Marketing*, Richard D. Irwin, Inc.

Phelan, P.（2013）*I'm Sorry I Broke Your Company*, Berrett-Koehler Publishers, Inc.（神崎朗子訳『申し訳ない，御社をつぶしたのは私です。』大和書房, 2014 年）

Popper, K.R.（1972）*Objective Knowledge : An Evolutionary Approach*, Clarendon Press, Oxford.（森博訳『客観的知識─進化論的アプローチ─』木鐸社, 1974 年）

阿部周造（2001）「消費者行動研究の方法論的基礎」『消費者行動研究のニュー・ディレクションズ』関西学院大学出版会。

薄井和夫（2003）『現代のマーケティング戦略─はじめて学ぶマーケティング─［基礎編］』大月書店。

内田詔夫（2002）『人間理解の基礎─中学生の哲学─』晃洋書房。

経済学史学会（2000）『経済思想史辞典』丸善。

小河原誠（1997）『ポパー─批判的合理主義─』講談社。

小島三郎編著（1978）『現代経営学事典』税務経理協会。

小原博（2011）『基礎コース マーケティング（第3版）』新世社。

酒井泰弘（1995）『はじめての経済学』有斐閣。

酒井泰弘（1996）『リスクの経済学─情報と社会風土─』有斐閣。

嶋口充輝（1984）『戦略的マーケティングの論理─需要調整・社会対応・競争対応の科学─』誠文堂新光社。

鈴木敏文（2013）『売る力─心をつかむ仕事術─』文藝春秋。

堀田一善（1981）「実用主義マーケティング研究方法の限界」『マーケティングジャーナル』第1巻第3号。

第4章

限定合理性と
消費者行動研究

I 分析視角

　われわれは日常的に製品やサービスを消費している。自動販売機やコンビニエンスストアでジュースを購入したり，バスや電車などの交通機関のサービスを利用したり，インターネットで選択した商品を宅配してもらったりと，日々，消費行為を行っている。消費者行動研究とは，こうした行為全般を研究する学問領域であり，比較的，身近な話題を取り扱っているといえる。

　ただ身近な割に，消費者の行動を説明・予測することは思いの外難しい。まずもって，(1)消費行為の結果に影響を与える要因が多岐にわたる。特定の製品の購入を説明するのに，企業のマーケティングが奏功したからか，消費者本人の経済的な事情によるのか，それとも彼を取り巻く社会文化的な背景に規定されたからなのか，あるいはその複合的な組み合わせによるのか，等々，複雑な因果のネットワークを紐解いていかねばならない。加えて，(2)物と違って，人間の行為には，彼の内面にある意志（will）や感情といった個人的特性が大きく影響する。それらはしばしば攪乱要因として，われわれの予想や予測の精度を下げる作用を持つのである。

　このように消費者行動は，原因と結果の関係性が一義的に決まりにくく，われわれが現象を因果的に説明し，予測しようとする試みに困難さをもたらす。その意味で，複雑性を有する現象だといえる。本章の目的は，こうした複雑な現象をとらえるためにどうすればよいのかを検討することである。つまり，消費者という人間を扱う科学領域として，それをどう理解し，説明し，予測することができるのか，という認識問題をここでは問うてみたい。

　本章の構成は，以下の通りである。まず，II・IIIで，これまで消費者行動研究で蓄積されてきた主要な成果を概観する。続くIVで，それらの成果が経営学者サイモン（Simon, H.A.）の限定合理性と意思決定の研究の延長線上にあることを示す。そのうえで，サイモンの限定合理性の議論が，人間行動を複雑な現象としてとらえるための1つの契機を作り出したことを論証する。

そしてVにおいて，消費者行動という複雑現象をとらえるための認識の方法と可能性について検討する。

II 消費者と消費者行動

1 消費者とは

　第3章でも触れたように，企業のマーケティング活動は製品やサービスの交換を促進する活動であり，そこではそれらを購入する「消費者（consumer）」の存在を前提としている。こうした買い手としての消費者を研究対象とし，その理解や説明を目指す研究領域は消費者行動研究と呼ばれており，学問としてのマーケティングの主要な下位領域を構成している。

　消費者という用語は一般に，個人や家庭が自らの欲求を満足させるために，製品・サービスを購入したり，使用したりする人をさしている。われわれが喉の乾きを癒すために自動販売機でジュースを購入するといったように，流通システムの末端に位置し，自らのために製品を消費する者のことを「最終消費者」と呼ぶ。一方で，自分自身の欲望を満たすためというよりは，購入した製品を加工し，再販売する目的で製品を購入する消費主体もいる。原材料や部品などの生産財を購入する自動車メーカーや，各種サービスを提供するために建物や設備を購入する病院や学校などがこれに含まれる。このタイプの消費者を「産業消費者」または「組織購買者」と呼ぶことが多い（杉本, 2012, 12頁）。

　なお，本章で消費者という用語を使用する場合には，すべて最終消費者の意味で用いることにする。

2 消費者行動とは

　「消費者行動（consumer behavior）」[1]を語る際には，個人や家計など個々

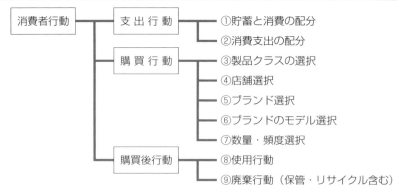

出典：井関（1974, 46頁）と杉本（1997, 12頁）を修正。

の消費主体に焦点を当てる場合と，消費者の集まりや集合概念としての「市場」[2]に焦点を当てる場合があり，しばしば分析対象の集計水準が問題になる（青木, 2010, 27～28頁）。これまでの消費者行動研究においては，どちらかというと，個別の消費者行動に焦点を当てたものが多かった（詳しくは，齊藤・田嶋, 2014；田嶋, 2017）。

個人の消費者行動は，製品・サービスを購入する行為としての「購買行動」であると解されることが多い。こうした見方は決して間違いではないが，厳密にいえば，両者は同義ではない。消費者行動は，それ以外の「支出行動」や「購買後行動」をも含み，購買行動は消費者行動の一部にすぎないからである（**図表 4 - 1** を参照）。

自動車を購買するケースを考えてみよう。当該行動には，どこのディーラーで，どの車種の，どのモデルを選択するかが含まれている（図表 4 - 1 の④⑤⑥）。だが，そもそもこうした購買行動は，それ以前の支出行動によって導かれることが多い。支出行動とは，個人や家計が労働などを通じて得た所得を貯蓄と消費支出にどのように配分するか（①），さらには消費支出として配分された所得をさまざまな費目（例えば，衣・食・住など）にどう配分するかを決定することである（②）。特に自動車などの高額な製品の購入は支出

行動に導かれることが多い。他方で、自動車の購入後に目を向けると、当該製品を使用する段階が来る（⑧）。さらに長年使用した後で、自動車を買いかえる際に、それをどう廃棄処分するかといった決断も迫られる（⑨）。こうした購入の前後の段階までを含めて、消費者行動と定義づけされているのである。

それゆえ、一口に消費者行動といっても、そこに含まれる研究・分析の対象にはさまざまなものが含まれる。とはいえ、消費者行動研究の主流派と目されている、とくに心理学や社会学の知見をベースにした研究群は、消費者の購買行動、なかでもブランド選択（⑤）に集中し、その現象を説明し、予測することを目指してきたといってよい（詳しくは、松尾、2010 ; 齊藤・田嶋、2014 を参照）。次に紹介する購買意思決定プロセスの研究成果はまさに、こうした研究の流れのなかから生み出されてきたものである。

購買行動と購買意思決定プロセス

1 購買意思決定モデル

購買意思決定プロセスは、消費者の購買行動それ自体というよりは、それに先立ち、そこに至るまでの選択や意思決定の過程のことである。歴史的には、消費者行動研究の多くは、こうした意思決定プロセスの解明を目指してきた。特に1960年代以降、消費者の購買意思決定（ないし情報処理）プロセスを記述する統合モデルの開発がさかんに行われてきた。代表的なものとしては、アンドリューセン（Andreasen, A.R.）、ニコシア（Nicosia, F.M.）、エンゲル＝コラット＝ブラックウェル（Engel, J.F., Kollat, D.T. and Blackwell, R.D.）、ハワード＝シェス（Howard, J.A. and Sheth, J.N.）、ベットマン（Bettman, J.R.）らの研究者の手によるものがある[3]。

これらの統合モデルが記述している内容には、研究者ごとに消費者をとら

える視点や見方の違いがあるために，かなりバラエティーがあるものの，共通する特徴もある。それは，消費者の意思決定プロセスをいくつかの段階に分け，フローチャートとして表現していることと，購買の学習や経験を通じたフィードバックを考慮していることである（Sheth, et.al 1988, p.118 邦訳, 138頁；杉本, 2012, 41頁）。

2 購買意思決定プロセス

では，購買意思決定とはどのようなプロセスなのだろうか。エンゲル＝コラット＝ブラックウェルによって提出されたモデル（EKBモデル，**図表4-2**)[4]を手引きとすれば，購買意思決定プロセスは，(1)問題認識，(2)探索，(3)代替案の評価，(4)選択，(5)結果，という5つの段階からなる[5]。

(1) 問題認識

購買意思決定プロセスは，問題（ニーズ）の認識からスタートする。問題

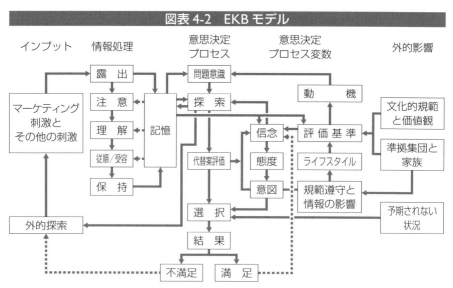

図表4-2　EKBモデル

出典：Engel and Blackwell（1982, p.500).

（ニーズ）の認識は，消費者が，ある所与の時点で，望ましい状態と現実の状態の間にギャップを知覚した場合に生じる。例えば，いったん自動車を所有すると経年劣化は避けられない。使用しているうちにさまざまな部位が痛み，部品の交換が必要になることがある。つまりは，時間とともに，手元にある製品（現実の状態）は購入当初の新品状態（望ましい状態）から物理的にかけ離れた状態へと移行するのであり，そのギャップが，ある一定水準（心理学用語でいう閾値［いきち］）を超えたときに，消費者が問題（ニーズ）を認識し，買いかえを検討するようになると考えられている。

(2) 探索

消費者は，問題（ニーズ）を認識すると，探索ないし情報探索の段階へと進む。自らの問題の解決に役立つ手段（製品ないしブランド）には何があるか，どこで入手できるか，値段はいくらか，等々の情報を収集する。情報の探索には，自分の記憶として保持している関連情報を探る内部探索と，外部にある情報源（広告，製品パンフレット，ホームページなど）を探索する外部探索という2つに区分される。通常は，まず内部探索から優先的に行われる。消費者自身が保有している情報や知識のみの利用で，満足のいく購買行動が期待される場合には，即座に選択（購買）に移行する。そうでない場合には，外部探索をつうじて，追加的な情報が収集されることになる。いずれにせよ，こうした情報探索の段階を経て，購買する製品の代替案（購買の選択肢）が形成されるのである。

(3) 代替案の評価

製品購入の前段階として，複数候補のなかから選択候補を絞り込む作業に入る。この段階で消費者は，購入可能性のある代替案（ブランドの選択肢）のなかから，どれを選択するのが望ましいかを，さまざまな評価の基準やルールを用いて検討することになる。

自動車やマンションの購入のように，相対的に高額で購入リスクが高く，

図表 4-3　代表的なヒューリスティクス

連結型	各属性に足切り基準を設定し、1つでもその水準を満たさない属性があれば、他の属性の評価が高かったとしても、その時点で当該ブランドは選択肢から除外される。
分離型	各属性に受容可能な基準を設定し、1つでもその水準を満たす属性があれば、他の属性の評価がたとえ低くても、その時点で当該ブランドは選択肢として残される。
辞書編纂型	各属性が重要度の高い順番に並べられ、重要度の高い順に各ブランドが評価される。重要度のもっとも高い属性で1つの選択肢に絞り切れない場合は、次に重視する属性で絞られる。以下、決着がつくまで同様のプロセスが続く。
感情参照型	過去の購買・使用経験に基づいて、もっとも好意的な態度を形成しているブランドを選択する。

出典：杉本（2012, 48～50頁）を元に作成。

　消費者が失敗したくないと感じる場合には、購入後に後悔しないように、時間をかけて慎重に吟味するだろう。自動車であれば、複数の車種を比較し、価格、経済性（例えば、燃費）、居住性、走行性などといった数多くの製品属性（製品の特徴に関する消費者の知覚・判断）を得点や数値によって評価し、それらを足し合わせて総合評価を出し、最終的にどの車種を選択するかを決定するといった具合である。

　こうした評価法は、いわゆる多属性態度モデル[6]によって説明されている方法であり、理詰めによって、ある程度合理的な結論に到達できるというメリットがある。だが一方で、そこに至るまでの計算や判断など情報処理の負荷が大きく、多くの時間や労力を必要とする。そのため、実際には、われわれはすべての選択において常に、上述の手順や方法で評価を下すわけではない。むしろ、ブランド評価にかかわる諸々の負担を軽減すべく、情報処理の効率化を追求するなかで、「ヒューリスティクス（heuristics）」と呼ばれる簡便なルールを用いることのほうが多いのである（**図表 4 - 3**）。

　これらのヒューリスティクスは、通常、消費者が置かれた選択状況に合わせて使い分けられたり、組み合わせて利用される。

図表 4-4　購買意思決定プロセスの効率化

問題解決の段階	広範的問題解決	限定的問題解決	習慣的反応行動
ブランドの知識	あいまい		明確
ブランドに対する態度	未形成		形成
選択基準	構造化されていない		構造化されている
情報探索や処理の量	多い	⟷	少ない
決定に要する時間	長い		短い
製品の価格	高額		低額
購入頻度	低い		高い
消費者の関与とリスク	高い		低い

出典：杉本（2012, 45頁）から転載。

(4) 選択

　選択の段階は，消費者が代替案の評価の結果に導かれて，実際に店頭に行き，製品を購入するステップである。だが，実際の選択が事前に意図したとおりに行われるとは限らない。さまざまな状況からの影響を受けて，購入が実現しない場合がある。例えば，店頭に在庫がないために購買が延期されるとか，店頭で別の魅力的な選択肢に遭遇し，そちらを購入するといったケースもある。

(5) 結果

　製品を購入した後は，それを実際に使用して，満足を得たか否かが評価される。満足を得た場合は，購入ブランドに対するロイヤルティが高まり，次回の選択でも同じブランドが購入される可能性が高まるが，不満足を得た場合には，次回の選択でブランドがスイッチされたり，選択されないことが多い。

　以上，購買意思決定プロセスの一般的な流れを紹介してきたが，当該プロセスは，消費者が何度か購買経験を重ね，学習を経ていくうちに効率化され

ていく。パソコンという、比較的、情報処理に時間や労力を必要とする製品カテゴリーであっても、初回購入のときと複数回購入経験を積んだ後では、購買意思決定に投入される時間が短くなるだろうし、必要な情報量も少なくて済むだろう。あるいは、いつも購入している洗剤ブランドを購入するという反復購買のように、新たに外部情報を必要とせず、ほぼ内部情報のみで購買されることもある。このように消費者は蓄積された情報や経験によって意思決定を単純化、簡略化していく傾向がある（図表4-4も参照）。

Ⅳ 完全合理性と限定合理性

　消費者行動研究においては、消費者の購買行動そのものよりも、購買に先立つ決定プロセスに注目し、その解明を試みるのであるが、なぜだろうか。この点は、現在の消費者行動研究の成立根拠やその展開を知るうえで重要なポイントになる。それに対する1つの回答は、経営学者サイモンが提示した限定合理性という概念にかかわっている。また、限定合理性の議論は、消費者行動という現象をどうとらえ、理解すればよいのかという、現象の認識にかかわる本質的な問題を提起しているのである。

1 完全合理性

　われわれが日々の購買行動やブランド選択において、もっとも満足のいく選択や最適な意思決定ができるならば、購入後に不満を感じたり後悔することはないだろう[7]。だが、現実は思いどおりにならない。購入製品の欠点を事後的に発見したとか、別の製品を選んでおけばよかったなど、過去の自分の意思決定が間違っていたのではないかと自信が揺らぐことが多々ある。このことは、われわれ人間が完全に合理的な存在でないことの一端を示している。

　ここでいう完全合理的な存在とは、所与の時点での選択や意思決定におい

て，瞬時に，ベストな結果を得るための判断ができる，あるいは最適な解を導出できる主体のことをさしている。優秀なカーナビゲーションは１つの例であろう。カーナビは，目的地の情報を入力すると，無数にあるルート（選択肢）のなかから，ベストな解を瞬時に導出してくれる。すなわち，目的地までの最短時間ないし最短距離ルートを示してくれる。こうした選択が可能になるのは，原理的に，カーナビが次の２つの条件を兼ね備えているからである。(1)日本国内の道路や建物，各種交通に関する情報をすべて完備している。そのうえで，(2)目的地までのすべての候補ルートのうち，どのルートを採用すれば時間的に早いか，距離が短いかを，瞬時に計算できる性能を有している。さらに昨今では，渋滞や事故などの追加情報をリアルタイムに加味したうえで，より正確な判断を下せる機能も追加されている。

　消費者に話を戻すと，彼らは実際の購買行動やブランド選択において，カーナビが導出する類の最適解に到達することは，極めて限定された状況を除いて，一般には難しいだろう[8]。というのも，消費者の認知能力には限界があるために，上述の２つの条件をクリアできないからである。すなわち，(1)利用可能なすべての製品（ブランド）の代替案と属性についての情報を持ち得ず，(2)それぞれの代替製品（ブランド）を，そこから受け取る利益と損失の観点からランク付けする能力を有していないからである（Schiffman and Kanuk, 2000, p.439）。ゆえに，現実の消費者は，限られた情報という制約下で，できるだけ合理的な判断をするしかない。その判断がベストなものでない限り，相対的に劣った判断を下す可能性を排除できないのである。先述の如く，購買後の不安や後悔といったリスクからも逃れられない。このように，現実の消費者の合理性は本来的に限定されているといえる。

2　サイモンの限定合理性

　かつて，経営学者のサイモンは，全知的でないときに人間の合理性が制約される「限定合理性（bounded rationality）」を説き，人間や組織の意思決定研究の端緒を切り開いた。彼は，主著『経営行動』（*Administrative*

Behavior, 1947）のなかで，経営組織における意思決定問題を取り上げ，いわゆる「経済人」（完全合理的な人間観）に基礎を置く経済学的な分析では，組織の決定問題を十全にとらえられないと考えた[9]。もし合理性に限界があるとすれば，われわれの意思決定の限界を条件づけるものを確定し，その場合にどのように意思決定が行われうるのかを，現実に近い形で記述するモデルに置き換えなければならない（Simon, 1978, p.502 邦訳，280 頁）。こうした限定合理性下における意思決定プロセスを解明するという問題意識は，彼の生涯の研究を貫くライトモチーフになった。

『経営行動』（1947）の段階において，限定合理性モデルはまだ萌芽的であったけれども，その後，選択や意思決定のメカニズムをより形式的な形で特徴づける方向へと進み，「探索」と「満足化（satisficing）」の理論に結実することとなる（Simom, 1955；1956）。もし意思決定主体に情報（選択のための代替案）が完備されていないのであれば，まずはそれを探索せねばならない。さらに，代替案をみつけたときに，それが自らの要求水準を満たすとわかれば，ただちに探索活動が中止され，その代替案が採用される。これが満足化と呼ばれる原理である（Simon, 1978, p.503 邦訳，281 頁）。つまり，ほどほどの満足でいいという形の決定の仕方であり[10]，この発見が後のヒューリスティクス研究に繋がるのである。

その後，サイモンは突如として，組織から人間個人の思考や意思決定プロセスへと関心を移し，専門領域を認知心理学とコンピューター・サイエンスへと軸足を移すことになる。なぜ，その学問の組み合わせなのかというと，人間の思考や情報処理を形式的に記述し，シミュレートするツールとしてコンピューターとその言語が有用だったからである（Simon, 1996, pp.189, 201 邦訳，279, 296 頁）。彼は，人工知能学者のニューエル（Newell, A.）らとともに，チェスや幾何の証明ができる人工知能プログラムを完成させるなど，1950年代後半の認知科学の成立に大きく貢献した。さらには，認知心理学の延長線上にあり，昨今，広く注目を集めている行動経済学にも，サイモンの意思決定理論の影響が色濃くあらわれている。1979 年には，経済組織内部におけ

る意思決定プロセスに関する先駆的な研究が認められ、ノーベル経済学賞を受賞した。

3 決定論的予測に対する懐疑

以上のように，サイモンは，政治学，経済学，経営学から認知心理学やコンピューター・サイエンスに至るまで幅広い，多岐にわたる領域で輝かしい業績を残し，その後の研究や技術革新に多大な影響力をあたえてきた。

本章Ⅱ・Ⅲで紹介してきた消費者行動研究や購買意思決定プロセスの研究も，その例外ではない。むしろ，サイモンの限定合理性の研究の延長線上にあるといってよい（青木，1992；久米，2017も参照）。これまでみてきたように，サイモンは完全合理性に代わる限定合理的な意思決定を追究し，そのプロセスの形式化や，満足化に代表されるヒューリスティクスの研究の先鞭をつけた（**図表 4 - 5** の右側）。本章Ⅲの議論を思い起こせば，そのエッセンスや大枠が，サイモンの研究のなかにすでに詰まっており，先取りされていることが理解できるだろう。

だが，サイモンからの影響は，単に意思決定に関する理論的枠組みや概念を借用するといった形式的なレベルにとどまらないことに注意すべきである。加えて重要なことは，サイモンが完全合理性と結びついた決定論という見解に対して異議を唱えたということであり，その含意についても確認しておく

図表 4-5 完全合理性と限定合理性

出典：Gigerenzer（2002, p.39）．
注記：図表中のデーモンは，決定論的予測を可能にする超人的な解析力を持つ仮想の知的存在を表現している。

必要がある。

　決定論（determinism）とは，物理的な世界や心理的な出来事を含むすべての出来事は，その起こることが前もって決定されていると考える立場であり，完全合理性と限定合理性を対比した図表4-5において「デーモン（demons）」と暗喩的に表現されている。決定論にも複数の考え方や立場があり，この世は神の意志によって決定されていると考える神学的決定論や，出来事のすべてが物理的な因果律によって決定されているとする物理的決定論などがある（小河原，1997, 246～247頁）。

　決定論は，必ずしも将来の出来事を正確に予測できることを含意しているわけではないが，完全合理性と結びついたデーモンは違う（図表4-5）。それは，決定論に基づいて，将来の出来事を正確に予測できると考える，いわゆる「ラプラスのデーモン」と呼ばれるタイプのものである。18～19世紀にかけて活躍したフランスの科学者ラプラス（Laplace, P-S.）は，ある時点においてあらゆる物体の相対的な状況とそこに働いている力のすべてを知ることができれば，未来（過去も）を確実に知ることができると主張した（Laplace, 1814, p.3 邦訳，10頁）[11]。彼が念頭に置いていたのは天文学であり，太陽系の話である。惑星の運動やそれに付随する現象（例えば，日食の開始時刻）は，ニュートン（Newton, I.）の理論の助けを借りて正確に予測できる。ラプラス的な決定論は，ニュートン理論の成功をはじめ，近代科学がめざましい発展を遂げるなかで，長らく，科学者の心をとらえ，彼らの支配的信念であり続けてきた。現代物理学の父と称される物理学者アインシュタイン（Einstein, A.）も，生涯にわたって，決定論を支持する立場を貫いたといわれている[12]。

　ラプラス的な決定論は，天文学や古典物理学をはじめとする自然科学の領域だけでなく，人間行為や社会制度を取り扱う社会科学（特に経済学）にも流入し，研究者たちを鼓舞してきた。人間行為の説明において完全合理性を仮定するという方法がまさにその応用例である。人間がカーナビのように完全情報を持ち，所与の目的に適った最適な手段を計算できる優れた情報処理

機械だと想定すれば，一義的な解ないしベストな答えに常に到達できる。カーナビの情報処理は設計者が開発したアルゴリズムに従うけれども，人間の場合も同じで，科学者が人間の思考に関するアルゴリズムを（例えば，数学的に）定式化できれば，理論上は，個人の最適行動を正確に予測することができる。

だが，サイモンはそうした決定論に異議を唱え，現実には決定論的予測が通用しないと考えた。サイモンにも，人間の意思決定過程をコンピューターの情報処理過程になぞらえて機械論的に理解しようとした側面はあるものの，彼らを全知的な能力を持つデーモンととらえることはなかったし，それを前提にして決定論的予測を引き出そうとしなかったのである。彼の場合には，あくまで，より現実に即した人間の意思決定の理解や認識（特に彼の場合，現象の記述）を重視したのであった。結果として，こうしたサイモンの議論は，ラプラス的な決定論とは異なる方向での研究の可能性を切り開く契機を作り出したのである。

先述の如く，消費者行動研究がサイモンの限定合理性の議論の延長線上にあるとすれば，消費者行動の研究に携わる者は，サイモンがラプラス的な決定論を否定したことの意義と，それを否定した後で，われわれにどういった認識の方法が残されるのか，あるいはどのような消費者のとらえ方があるのかを考える必要があるだろう。

V 非決定論的世界における科学の認識

決定論的予測が通用しない現象の領域

一般に，物理学・化学・生物学・天文学などのいわゆる自然科学は，経済学や社会学，経営学などの社会科学よりも先に進んでいるといわれている。ニュートン物理学は人工衛星を飛ばすことに貢献し，メンデル（Mendel,

G.J.）による遺伝法則の発見は，今日的なDNAや遺伝子の解明作業に繋がった。だが，こうした数々の華々しい成果をあげている自然科学の世界ですら，将来を正確に予測することは難しく，決定論的予測が通用しない現象がある。

例えば，地震の生起に関する予測がそれである。地震学者は，地下のプレートや断層の大まかな配置などから，そろそろ南海トラフ地震が起こりそうだと予測する。だが，それはあくまで「数年から数十年の間に生起する可能性がある」といった具合にアバウトなもので，「〇〇年〇〇月〇〇日の〇〇時〇〇分に，△△を震源として地震が生じる」などと，時間・空間座標上の一点で当該現象が生じるとはいえないのである（無論，科学者のなかには一部，正確な予測ができると公言する預言者的な人がいる可能性を排除することはできないが）[13]。気象学における，台風の進路の予測も同様である。予想天気図に描かれる台風の進路や予報円は，あくまで予想や確率的な予測に過ぎず，将来の厳密な進路や位置を示すものではない。

人間の行為や社会現象を取り扱う社会科学となれば，なおさら正確な予測は困難になる。株式市場における株価の動向がわかりやすいかもしれない。特定の企業の株価について，将来の一時点における値を寸分たがわずに予測することは至難の技である。われわれが学ぶ消費者の購買行動についても同様で，コンビニエンスストアで目の前にいる消費者が何を選択するか，あるいは（もっと限定的な選択行動を考えて）陳列棚からどの清涼飲料水ブランドを選択するかをいい当てることはほとんど不可能だろう。

しばしば経済学者や専門家による経済予測は当てにならないとか，彼らは将来を予測できないといった皮肉が囁かれることがある。だがそれは，皮肉でも何でもなく，厳然たる真実を突いているのだと思われる。つまり，特定の科学領域においては決定論的な予測が通用しないのであって，その意味において，科学者の認識には限界があるということである。

2 複雑現象とパターン認識

　では，決定論的予測ができないとすれば，科学の役割はどうなるのだろうか。われわれが学ぶ消費者行動をはじめ，人間の行為や社会現象を取り扱う社会科学一般においては，科学的な認識（説明や予測）の追求を断念し，放棄せねばならないのか。

　こうした根本的な問いに対して，「望みを捨てる必要はない」と述べた人物がいる。理論経済学者からスタートし，その後，政治哲学者として活躍したハイエク（Hayek, F.A.）である。彼によれば，決定論的予測が適用される科学の領域（例えば，古典物理学や天文学など）と，それが適用されない領域（例えば，地震学・気象学・地質学・海洋学，等々の応用物理学など）がある。前者は単純現象，後者は複雑現象と呼ばれ，後者には「生命・心・社会」を取り扱う領域が含まれる。すなわち，われわれが学ぶ消費者行動研究をはじめ，社会科学の領域は後者に含まれるのであるが，複雑現象においては，決定論的な予測とは異なる別の認識を追究できるという（Hayek, 1955, pp.6, 9 邦訳, 96, 101 頁）。

　単純現象と複雑現象の違いは，現象の説明や予測を行う際に，考慮しなければならない変数の多寡にかかわっている。変数が少ない場合を単純現象，多い場合を複雑現象と呼ぶ。ハイエクによれば，「生命のないもの」から「生命のあるもの」や「社会現象」へと立ち入るに従って，複雑性が増し，現象の正確な認識が難しくなっていく（Hayek, 1964, p.26 邦訳, 124 頁）。複雑性が増すにつれて，われわれ人間の知性では，現象の説明・予測に必要な変数をすべて特定することが困難になるからである。サイモンの限定合理性は現象の観察者たる科学者にも当てはまる[14]のであり，彼らはそうした制約の下で研究を実施せざるを得ないのである。加えて，人間行為や社会現象となると，生命のないものと違って，人々の内面にある意志や感情といった個人的特性からの影響にも左右される。それらは攪乱要因として，われわれの予測の精度を下げる作用を持つのである。

では，こうした複雑現象における認識の困難さに対して，ハイエクはどう対処できると考えたのか。彼は，パターン認識（原理的説明とパターン予測）と呼ばれる方法を提案する。先で触れた地震や台風，株価の振る舞いに関する認識がまさにそれで，複雑現象の場合には，その対象が持つ性質上，原理的な説明しかあたえられず，将来の予測もアバウトなものにならざるを得ない。ハイエクは，こうした認識の困難さをむしろ逆手にとって，大づかみな認識こそが複雑現象をとらえるにふさわしい方法であると考えるのである。

　自然や社会を問わず，複雑性のある世界を決定論的にとらえることはできない。かといって，将来的に何が起きるかをまったく予想できないほど完全に無秩序で，ランダムに変化する世界かというと，そうでもない。常に変化する世界やプロセスのなかにあっても，特定の状況の配置のもとでは，現象がある一定の安定性を持つという意味で，傾向性やパターンを持つことがある（例えば，西高東低の気圧配置になると，日本海側の天気は荒れ，太平洋側は晴れるとか，高関与下にある消費者の購買意思決定プロセスが長くなる，など）。それらを作り出している典型的な状況の配置を特定することを原理的説明，その逆の論理操作をたどって，状況の配置からパターンの生起を導き出すことをパターン予測と呼ぶのである。

　消費者の購買行動を含めて，人間行為のパターンや傾向性を原理的に説明しようとする場合には，それらを生起させている「制度（institution）」の存在に注目せざるを得ない。制度は多義的な用語であるが，ここではさしあたって，人々の行為を規定する社会的なルールや規範のことと定義しておこう。制度には意図的・設計主義的に作られたものと，意図せざる結果として，無意識的かつ社会的に成立・定着してきたものとがある。いずれにしても，それらは，偶然性や不確実性を常にはらんでいる人間世界にあって，いくらか人間行為の安定性や秩序をもたらす役割を果たしている（例えば，われわれが交通法規に従う結果，［絶対ではないが］ある程度の安全が確保される）。原理的な説明においては，こうした特定の人間行為を導く制度の配置を特定することが，その中心的な作業になるだろう[15]。

他方で，特定の状況の配置とその組み合わせから生起する出来事をパターン予測する場合，その帰結は一定の「方向」と「範囲」を持つ。ここでいう方向とは，どのような種類の出来事が起きるかという質的な側面を，範囲とは，当該出来事がどの程度や範囲で生じるかという大まかな量的側面を意味している。複雑現象の特性に鑑みると，こうした出来事の範囲と方向を厳密な形で境界づけることは不可能であるけれども，パターンの理論やモデルを常に現実と付き合わせながら，修正を加えていくなかで，出来事の方向と範囲を絞り込み，予測の精度をあげていくことは可能である（樫原，2008, 20頁）。

ハイエクがこうした認識論的な提案を行った背景には，科学主義（scientism）と呼ばれる立場に対する批判がある。科学主義とは，「ある思考習慣を，それが作り上げられて来た分野とは異なった分野に機械的，無批判的に適用する態度」(Hayek, 1952, p.24 邦訳, 6頁) のことであり，先の単純現象を取り扱う古典物理学的な認識やラプラス的な決定論的予測を，複雑現象の説明・予測に盲目的に応用する立場と考えればよい。ハイエクにとって，科学主義はひどく非科学的な態度である。なぜならば，研究対象である現象の性質の違い（単純性と複雑性）を無視するとともに，その性質の違いを見極める前に，複雑現象を研究するための最善の方法がわかっていると決めつけているからである (Caldwell, 2003, p.242 邦訳, 297頁)。複雑現象には，それに適した認識の方法が必要なのである。

VI むすび

以上のハイエクによるパターン認識の議論は，限定合理性を前提とした消費者行動や購買意思決定プロセスの研究にとって，非常に示唆的である。消費者行動研究は，決定論的世界を否定し，偶然性や不確実性を伴う非決定論的な人間世界を探求する試みである。この非決定論的な世界に対して，われ

われの認識や知識が確実なものではなく，不完全なものにならざるを得ないという前提からスタートし，それを試行錯誤的に，修正しながら精緻化せよというハイエクの提案は，消費者行動研究の特性や実情に即した認識論的提案であるといえるだろう。

認識の正確さや厳密さを比較すれば，パターン予測は決定論的予測に比べてはるかに劣る。だが，ハイエクは，科学の合理性の限界を自覚したうえで現実的な提案をしている。科学者は決して全知的で無謬な存在ではない。すべてを知りうるわけではないし，当然のことながら，間違いを犯してしまうこともある。人間は無知で，誤りうる存在であると考える立場は可謬主義（かびゅうしゅぎ）と呼ばれるけれども，こうした人間の生み出す知識の限界をしっかりと自覚したうえで，複雑現象において科学が追究できる認識とはどのようなものかを考えたこと，それこそがハイエクの重要な知的貢献であるといえよう。

注

1) 「行為（action）」と「行動（behavior）」という用語は，社会学の領域では，厳密に区別されて用いられることが多い。行為は，そこに主観的な意味（意図や目的）が行為主体に付与された場合をさすのに対して，行動は，主観的な意味づけを持たないものをさし，反射行動などがこれに該当する（松岡，2011, 3頁）。消費者行動研究では，伝統的に，こうした用語の区分に従うことなく，それらをひっくるめて「行動」と呼ぶ傾向が強い。
2) 市場とは，一般に，商品の売り手と買い手が出会い，交換するために集まる具体的な場所（青果市場やフリー・マーケット）や抽象的な場の概念のことをさすことが多い。これは主として経済学で用いられる市場概念であり，学問としてのマーケティングの場合は異なる。すなわち，マーケティングにおける市場は，「市場規模」や「市場成長率」という用語に代表されるように，買い手としての消費者やその集まりのことをさし，そこに売り手は含まれないのである。以上のように，市場概念にも主に2とおりの用法があり，意味合いも異なるので，注意する必要がある。
3) 井上（2012, 第6章）では，ベットマン以降の統合モデルが多く取り上げられている。こちらも参照されたい。
4) EKBモデルは，1968年に著書 *Consumer Behavior* においてはじめて提出されたが，その後，その本が版を重ねるうちに，修正が加えられ今日に至っている（井上，2012, 115頁）。本文で取り上げたのは，1982年版のモデルである。
5) エンゲルらによれば，このアイデアは，アメリカの哲学者デューイ（Dewey, J.）によっ

て，100 年以上も前の著作『思考の方法—いかにわれわれは思考するか（*How We Think*）』(1910) のなかで，問題解決の諸段階として萌芽的に提示されていたという（Engel and Blackwell, 1982, p.23）．

6) 多属性態度モデルとは，もともと社会心理学の分野で行われていた態度研究の成果とそこで開発された期待価値モデルを消費者行動研究に応用したものである．代表的なフィッシュバイン・モデルにおいては，あるブランドに対する態度（総合評価）は，当該ブランドの属性についての信念の度合いと各属性の評価の積和として数式化されている（小島，1984, 34 頁）．

7) 製品購入後に，自らの意思決定に対する自信が揺らいだり，他の選択肢のほうを選択すべきだったのではと不安を覚えることがある．こうした消費者の心理状態は，通常，社会心理学者フェスティンガー（Festinger, L.）の認知的不協和理論によって説明される．

8) 購買行動一般において，消費者が最適解を導出できないと考える理由はさまざまである．ギーゲレンツァー（Gigerenzer, G.）によれば，(1)複数の競合する目的が存在する場合，(2)同じ基準で比較できない目標が存在する場合，(3)同じ基準で比較できない理由（や手がかり）が存在する場合，(4)代替案が知られておらず，長期間にわたる探索プロセスのなかで，それを発見する必要がある場合，(5)手がかりや理由が知られておらず，長い探索プロセスのなかで発見される必要がある場合，(6)将来の行為や出来事の結果が知られていない場合，(7)実時間のなかで直面する多くの意思決定の最適化を企てる場合には，最適化が困難になるという（Gigerenzer, 2002, pp.40-41）．

9) サイモンは，『経営行動［初版］』のなかで，人間の合理的な側面を集中的に取り扱っている経済学として，アダム・スミス（Smith, A.）の古典派経済学とベンサム（Bentham, J.）の功利主義を引き合いに出している（Simon, 1947, p.62）．

10) 心理学者シュワルツ（Schwartz, B.）は，ベストのものを追求する人のことを「マキシマイザー（maximizer）」，ほどほどの満足でいいと考える人のことを「サティスファイサー（satisficer）」と呼んだ（Schwartz, 2004, pp.79-81 邦訳，95〜97 頁）．改めて指摘するまでもなく，この概念区分は，完全合理性と限定合理性の区分にほぼ対応していると思われる．

11) ラプラスのデーモンについては，正確には，次のように述べられている．「ある知性が，与えられた時点において，自然を動かしているすべての力と自然を構成しているすべての存在物の各々の状況を知っているとし，さらにこれらの与えられた情報を分析する能力をもっているとしたならば，この知性は，同一の方程式のもとに宇宙のなかの最も大きな物体の運動も，また最も軽い原子の運動をも包摂せしめるであろう．この知性にとって不確かなものは何一つないであろうし，その目には未来も過去と同様に現存することであろう」（Laplace, 1814, p.3 邦訳，10 頁）．引用文のなかで「知性」と称されている主体こそが悪魔をさしている．

12) アインシュタイン（1879-1955）は，亡くなる直前の 1954 年には，決定論に関する見解を根本的に変えてしまったといわれている．詳しくは，Popper (1982, 第 1 章の原注 2) を参照のこと．

13) 実験室実験の場合は別である．実験室実験では，地震が起きる理想的な条件をセッティ

ングしているので，その生起をある程度正確に予測・統制できる。ここで述べているのは，実験室の外の話で，われわれが住み，生活している現実の世界についての話である。
14) 原谷（2014）によれば，現象のなかの行為者ではなく，彼らの行為を理論化するメタ的な立場に立つ研究者においても限定合理性の議論が通用すると論じたことは，ハイエクの重要な知的貢献の1つである（94頁）。
15) 文化的制度と消費の関係については，赤岡・松尾（2014）で言及しているので参照されたい。

参考文献

Caldwell, B.（2003）*Hayek's Challenge : An Intellectual Biography of F.A. Hayek*, The University of Chicago Press.（八木紀一郎監訳・田村勝省訳『ハイエク—社会学方法論を巡る闘いと経済学の行方—』一灯舎, 2018年）

Dewey, J.（1910）*How We Think*, New York, D.C. Heath & Co.

Engel, J.F. and Blackwell, R.D.（1982）*Consumer Behavior, Forth Edition*, Holt-Sanders.

Gigerenzer, G.（2002）The Adaptive Toolbox, in Gigerenzer, G. and Selten, R.（ed.）, *Bounded Rationality : The Adaptive Toolbox*, MIT Press, pp.37-50.

Hayek, F.A.（1952）*The Counter-Revolution of Science : Studies on the Abuse of Reason*, Liberty Press.（佐藤茂行訳『科学による反革命—理性の濫用—』木鐸社, 1979年）

Hayek, F.A.（1955）Degree of Explanation, in *Politics and Economics*, Routledge & Kegan Paul, 1967.（望月由紀訳「説明の程度について」嶋津格監訳『ハイエク全集第Ⅱ期第4巻 哲学論集』春秋社, 2010年）

Hayek, F.A.（1964）The Theory of Complex Phenomena, in *Philosophy, Politics and Economics*, Routledge & Kegan Paul, 1967.（杉田秀一訳「複雑現象の理論」嶋津格監訳『ハイエク全集第Ⅱ期第4巻 哲学論集』春秋社, 2010年）

Laplace, P-S.（1814）*Essai Philosophique sur les Probabilités*, Forgotten Books.（内井惣七訳『確率の哲学的試論』岩波書店, 1997年）

Phelan, P.（2013）*I'm Sorry I Broke Your Company*, Berrett-Koehler Publishers, Inc.（神崎朗子訳『申し訳ない、御社をつぶしたのは私です。』大和書房, 2014年）

Popper, K.R.（1982）*The Open Universe: An Argument for Indeterminism*: Routledge.（小河原誠・蔭山泰之訳『開かれた宇宙—非決定論の擁護—』岩波書店, 1999年）

Schiffman, L.G. and Kanuk, L.L.（2000）*Consumer Behavior, Seventh Edition*, Prentice Hall.

Schwartz, B.（2004）*The Paradox of Choice,* Harper Collins.（瑞穂のりこ訳『なぜ選ぶたびに後悔するのか—「選択の自由」の落とし穴—』ランダムハウス講談社, 2004年）

Sheth, J.N., Gardner, D.M. and Garrett, D.E.（1988）*Marketing Theory : Evolution and Evaluation*, John Wily & Sons, Inc.（流通科学研究会訳『マーケティング理論への挑戦』東洋経済新報社, 1991年）

Simon, H.A.（1947 ; 1957）*Administrative Behavior : A Study of Decision-Making Process in Administrative Organizations, First Edition・Second Edition*, Macmillan.

Simon, H.A.（1955）A Behavioral Model of Rational Choice, in *The Quarterly Journal of Economics*, Vol.69, No.1, pp.99-118.
Simon, H.A.（1956）Rational Choice and the Structure of the Environment, in *Psychological Review*, Vol.63, No.2, pp.129-138.
Simon, H.A.（1978）Rational Decision Making in Business Organizations, in *The American Economic Review*, Vol.69, No.4, pp.493-513.（稲葉元吉・吉原英樹訳「付：企業組織における合理的意思決定」『システムの科学』パーソナルメディア, 1999 年）
Simon, H.A.（1996）*Models of My Life*, MIT Press.（安西祐一郎・安西徳子訳『学者人生のモデル』岩波書店, 1998 年）
青木幸弘（1992）「消費者情報処理の理論」大澤豊・一寸木俊昭・津田眞澂・土屋守章・二村敏子・諸井勝之助編『マーケティングと消費者行動』有斐閣。
青木幸弘（2010）『消費者行動の知識』日本経済新聞出版社。
赤岡仁之・松尾洋治（2014）「市場の理解における諸問題 2―ポストモダン的研究の諸問題―」KMS 研究会監修・堀越比呂志編著『戦略的マーケティングの構図―マーケティング研究における現代的諸問題―』同文舘。
井関利明（1974）「消費行動」富永健一編『社会学講座第 8 巻 経済社会学』東京大学出版会。
井上崇通（2012）『消費者行動論』同文舘。
樫原正勝（2008）「マーケティング経済学研究をめざして」『三田商学研究』第 51 巻第 4 号, 1 ～ 23 頁。
久米勉（2017）「消費者行為論―自由意志に基づく選択と行為―」堀越比呂志・松尾洋治編著『マーケティング理論の焦点―企業・消費者・交換―』中央経済社。
小河原誠（1997）『ポパー―批判的合理主義―』講談社。
小島健司（1984）「他属性態度と行動意図モデル」中西正雄編著『消費者行動分析のニュー・フロンティア』誠文堂新光社。
齊藤通貴・田嶋規雄（2014）「市場の理解における諸問題 1―行動科学的消費者行動研究の諸問題―」KMS 研究会監修・堀越比呂志編著『戦略的マーケティングの構図―マーケティング研究における現代的諸問題―』同文舘。
杉本徹雄編著（1997）『消費者理解のための心理学』福村出版。
杉本徹雄編著（2012）『新・消費者理解のための心理学』福村出版。
田嶋規雄（2017）「消費者行動研究の集計化における理論的および実務的諸問題」堀越比呂志・松尾洋治編『マーケティング理論の焦点―企業・消費者・交換―』中央経済社。
原谷直樹（2014）「ハイエクの社会科学方法論―転換問題を超えて―」桂木隆夫編『ハイエクを読む』ナカニシヤ出版。
松尾洋治（2010）「消費者行動研究の系譜」マーケティング史研究会編『マーケティング研究の展開』同文舘。
松岡雅裕（2011）「社会学の基礎としての行為理論」夏刈康男・松岡雅裕・杉谷武信・木下征彦『行為，構造，文化の社会学』学文社。

第5章

財務諸表論の会計構造論的基盤

I 分析視角

　会計学は，企業会計を研究対象とする学問であり，企業会計の目的は企業の経営活動を貨幣計数でもって有機的・統一的に把握するための計算報告にある（山枡・嶌村,1992,3～4頁）。

　企業会計を報告対象別にみれば，会計の報告書を受け取るステークホルダー（stakeholder：利害関係者）が，企業外部者であるか企業内部者であるかにより，「財務会計」と「管理会計」に大別することができる。

　財務会計は，企業外部のステークホルダーを会計報告の受け手として行う会計であり，一般に外部報告会計と称される。一方，管理会計は最高経営責任者を頂点とする企業内部の各階層の経営管理者に向けて，企業の経済活動を測定し伝達する会計であり，内部報告会計と称される。これらの関係性を示せば，**図表 5-1** のとおりである（桜井,2018,2～3頁）。

　なお，本書（第5章・第6章）で扱う会計は，企業会計のうち企業外部のステークホルダーに対して会計報告を行うための「財務会計」の領域を対象とし，ステークホルダーの関心の変化に呼応してきた財務会計機構の移り変

図表 5-1　財務会計と管理会計の特質

	財務会計	管理会計
情報の受け手	企業外部者	企業内部者
利害関係者	出資者，債権者，仕入先・顧客等の取引先，政府機関など	製造部門担当者 販売部門管理者 財務管理者など
会計の役割	企業のステークホルダー相互間の利害調整機能 投資家や経済的意思決定のための情報提供機能	経営上の意思決定 業績評価 予算編成と予算統制

出典：武田（1998,11～12頁）をもとに作成。

わりについて，会計処理の概念や基準の改訂の動向をとらえながら概観していく。

歴史をさかのぼれば，企業経営活動における情報の受け手であるステークホルダーの関心は，企業の債務弁済能力に置かれ，初歩的な口別利益計算構造や現金主義的利益計算構造のなかに存在してきた。その後，ステークホルダーの関心が企業業績へと移り変わっていくなかで，会計の利益計算構造は期間損益計算構造や発生主義的利益計算構造へと移行していった。

現在では，国際会計との調和化に向けた取り組みのなかで，収益費用アプローチから資産負債アプローチへと発展してきており，これらの動向を外部報告会計の根幹に位置する会計基準に随時触れながら考察を試みる。

周知のとおり，経済活動に関する情報を収集・測定・報告する企業会計システムの目的は，経営者，投資家，債権者，その他企業の経済活動に関するステークホルダーに対して適切な情報を伝達（報告）することにある。

ここにおいて利用される会計の報告書は，基本的に貸借対照表（balance sheet：B/S）と損益計算書（profit and loss statement：P/L, income statement）と呼ばれる2つの書面から構成される。

貸借対照表は，資産，負債，純資産を構成要素として，企業の一定時点の財政状態を示す書類であり，「ストック（stock）情報」をあらわす指標に位置づけられる。一方，損益計算書は，収益，費用を構成要素として，企業の一定期間の経営成績を示す書類であり，「フロー（flow）情報」をあらわす指標に位置づけられる（**図表5-2**）。

図表5-2 貸借対照表と損益計算書の特質

	貸借対照表	損益計算書
構成要素	資産，負債，純資産	収益，費用
表示項目	ストック情報	フロー情報
表示内容	一定時点の財政状態	一定期間の経営成績

出典：山枡・蔦村（1992, 47, 233頁）をもとに作成。

企業の経営活動の主体である経営者は，会計が提供する情報を利用して，企業の諸活動を計画し統制していく（染谷，1992, 3頁）。このような会計活動を，企業の広範な経営活動のなかに当てはめてみれば，以下に掲載した**図表5-3**の位置づけになる。

　企業経営活動は，利益獲得の物的・経済的事実関係として生起し，事象のうち会計目的に適合するものを「会計事実」として識別・選択する。企業の会計取引が対象とする会計事実は，測定ルールとして会計処理の原則および手続きを通じて会計数値としてあらわされ，会計数値は会計報告を通じてステークホルダーに伝達される。会計行為は，測定行為と伝達行為から成り立ち，測定と伝達の体系が会計の仕組みの基礎となる（武田，1998, 4～5頁）。

　従前より，ステークホルダーに対する企業経営活動の報告書である財務諸表は，基本的に損益計算書と貸借対照表によって構成されてきた。損益計算書は一定期間の企業経営活動内での資本の増減過程を源泉的に把握した計算

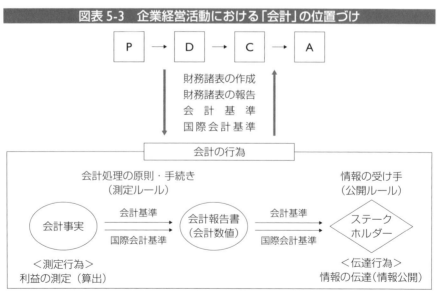

図表5-3　企業経営活動における「会計」の位置づけ

出典：武田（1998, 4頁）を一部修正。

報告書を意味し，ステークホルダーの中心的な関心をなす企業の収益力ないしは経営成績の判断にとって不可欠な計算報告書である。一方の貸借対照表は，一定時点における企業資本の状態を，経営活動に則して調達面（源泉面）と行使面（運用面）から把握した計算報告書であり，企業の財政状態ないしは将来の収益活動の財政基盤を表示するための計算報告書と位置づけられる（山枡・嶌村, 1992, 37〜39頁）。

本章は，会計利益計算の基礎となる諸理論を取り上げて概説していくことを目的として，財務報告機構の根幹にある会計構造（利益計算構造）と収益会計の発展に焦点を当てて論述する（Ⅱ・Ⅲ）。Ⅳでは，ステークホルダーへの情報提供機能をはかることを目的とした利益計算と会計基準の展開の根底に位置する「概念フレームワーク」について触れていく。

Ⅱ 会計構造論の背景と発展

1 口別利益計算構造と期間損益計算構造

歴史を振り返れば，ステークホルダーの関心が時代とともに移り変わっていくなかで，企業財務情報をつかさどる会計に内在する利益計算構造も呼応して変化してきた。

企業業績の把握を目的とするステークホルダーの関心は，企業形態や企業規模の歴史的発展に伴って拡大してきた経緯がある。

本節の位置づけは，ステークホルダーの関心となる企業利益の計算・測定行為に焦点を当て，企業形態や企業規模の歴史的変遷のなかで，情報の受け手であるステークホルダーの立場をとらえつつ，それに呼応するように会計処理の原則や手続きがどのように移り変わってきたかを概観していく。

以下に掲載した**図表5-4**のとおり，会計が目的とする利益計算行為は，口別利益計算構造から期間損益計算構造への発展過程を示してきた。これは，

図表 5-4　企業形態の発展と会計構造の変化

≪当座企業≫ ・短期間（当座）の存続を目的とした企業形態 ・一航海をもって終了することを目的とした冒険企業ないしは当座的存続を目的とする当座企業	≪継続企業≫ ・going concern（継続企業）を前提とした企業形態 ・短期間での清算を見越した企業形態ではなく，長期（定着）的な存続を目的とした定着企業
≪口別利益計算構造≫ 1つの取引またはプロジェクトをもって利益計算を行う会計構造	≪期間損益計算構造≫ 一会計期間での取引をもって利益計算を行う会計構造
≪現金主義的利益計算構造≫ 現金の収入支出の事実に基づいて費用収益の認識を行う会計構造	≪発生主義的利益計算構造≫ 経済資源の発生の事実に基づいて費用収益の認識を行う会計構造

出典：山枡・嶌村（1992, 37〜39頁）をもとに作成。

当座企業から継続企業（going concern）への発展に照応した計算構造の変化を示し，口別利益計算構造の典型は13世紀初めから14世紀前半にかけてイタリアのヴェネツィア（Venezia），フィレンツェ（Firenze）でみることができる（渡邉, 2014, 49頁）。

　ここでの会計目的は，債権債務の備忘記録と短期間で完結する利益分配計算に置かれ，当座企業ないしは冒険企業の利益計算に特徴がみられる。当時の地中海貿易企業は，一航海（1つのプロジェクト）ごとに資本を募り，商品の仕入や船舶の購入等に充当し，交易完了後は財産の処分・清算を行って回収貨幣総額を出資者への分配により企業活動が終了する。利益計算は，単純に当初の貨幣資本と最終的に回収された貨幣資本との比較によって差額計算をもって行われた（山枡・嶌村, 1992, 37〜39頁）。すなわち，口別利益計算構造の会計は，一航海をもって終了する短期の季節企業を想定した世界であって（「一航海一企業」という），資本は現金からはじまり，商品その他の営業手段に転嫁され，終局的にすべて現金に還元されたのである（井上, 1982, 6頁）。

　その後，16世紀半ば以降には，継続企業形態の出現によって，永続的・反

復的な経済活動が行われ，無数の取引が常時重畳的に展開し，それぞれの経営活動が永続的に循環を繰り返してきた（渡邉, 2014, 49頁）。

継続的定着企業の期間損益計算構造のもとでは，計算対象である経営活動が循環過程を異にする無数の経営活動の並行的遂行によって構成されていく。循環運動を完了した取引は，その回収部分とこれに要した費消部分とを定期的に確かめ，資本の期間的な増殖高が明らかにされるとともに，現実に運用されている資本の存在形態ごとの有高を総合的にとらえ，経営活動の態様とその構成上の変化とが明らかにされる（山枡・嶌村, 1992, 37～38頁）。

2 現金主義的利益計算構造と発生主義的利益計算構造

現金主義的利益計算構造は，利益の計算つまり収益・費用の比較計算を現金の収入・支出事実に基づいて行う会計構造であり，口別利益計算構造に典型をみることができる。口別利益計算構造の会計では，一連の経営活動ごとに終結を待って個別的・孤立的に取引利潤を算定し，収益額は収入額をもって，費用額は支出額をもって代置できる関係にあった。

もっとも，現金主義がその範囲とする現金収支のうち，収益となるべき部分または費用となるべき部分を現金収支の事実に基づいて収益または費用として認識するのであって，現金収支のすべてを収益または費用として認識しない。例えば，現金収支には債権債務の活動や資本取引（元入れ）などのように収益または費用とは無関係な中性的収入・支出なども含まれる（飯野, 1983, 11～12頁）。

冒険企業ないし当座企業から，定着企業ないし継続企業への発展に伴って，企業資本のかなりの部分が設備に投下される。設備に投下された資本の循環は長期にわたり，それらに対する支出額を当該期間の費用として処理するのは明らかに不合理である。また定着企業の場合には，商品も常時なにがしかの在庫を必要とするわけであるから，支出と費用化の間に時間的なズレを生じさせる。しかも，この時間的なズレは，掛取引等の信用経済の発展に伴ってますます拡大する。したがって，定着企業ないし継続企業にあっては，

現金主義的利益計算構造が一般的な適合性を持たなくなってきた。

こうして，収益および費用を，収入および支出の時点ではなく，経済価値の価値増加および価値減少の発生事実（期間損益計算を求めるための会計手法より発生）に基づいて認識しようとする発生主義的利益計算構造がそれにとって代置されてきた（山枡・蔦村, 1992, 38～39頁）。発生主義会計は，論理的には現金主義会計での損益計算上の理論的欠陥を是正するものとして位置づけられ，結果的に発生主義会計の特質は，現金主義会計との対比によって，明確に存在意義が説明されてきたのである。

III 利益概念の諸相

1 収益認識の論点

2018年3月，企業会計基準第29号「収益認識に関する会計基準」および企業会計基準適用指針第30号「収益認識に関する会計基準の適用指針」が公表され，2021年4月1日以降開始する事業年度の期首から適用される。

収益認識会計基準は，開発にあたっての基本的な位置づけに，国際財務報告基準（International Financial Reporting Standards：IFRS）第15号「顧客との契約から生じる収益」がある。IFRS第15号は，顧客との契約から生じる収益およびキャッシュ・フローの性質，金額，時期および不確実性に関する有用な情報を財務諸表利用者に報告するために，企業が適用しなければならない原則を定めた内容となっている（IASB, 2014, IFRS15, par.1）。わが国の新収益認識基準では基本的にこれをすべて取り入れ，実務的に配慮するべき項目がある場合には，比較可能性を損なわせない範囲で代替的な取り扱いを追加し，個別財務諸表の取り扱いは，基本的には連結財務諸表と個別財務諸表で同一の会計処理を定めている（荒井, 2018, 62～63頁）。

収益のうち特に売上高は，財務諸表のトップライン（損益計算書の最上段）

図表 5-5　新収益基準の 5 つのステップ

Step1	Step2	Step3	Step4	Step5
契約の識別	履行義務の識別	取引価格の算定	履行義務に取引価格を配分	履行義務の充足により収益を認識

出典：中條（2017, 38 頁）を一部修正。

に配置される数値であり，客観的な企業規模や現状の業績の把握，将来の業績予測に至るまでの重要な情報をあらわす役割を担っている。

こうした収益が，どのようなタイミングで（認識）され，どのような方法で金額の確定（測定）が行われるのかによって，企業期間利益は大きく異なる。

新収益認識基準の特徴は，「5つのステップ」を通じて収益を認識するという点にあり，上述したとおりIFRS第15号「顧客との契約から生じる収益」の基本的な原則の取り入れを出発点としているため，IFRSのコンセプトと同様の内容となる（山本, 2018, 18 頁）。

新収益認識基準では，収益を計上していくための段階的なストーリーを設定し，以下の5つのステップを要請している（**図表 5 - 5**)。

Step1における「契約の識別」は，収益のなかに企業と顧客間で締結された，書面ないし口頭による契約の存否の明確化を要請したもので，次の5つの要件のすべてを満たす顧客との契約を示している。

- 当事者が，書面，口頭，取引慣行等により契約を承認し，それぞれの義務の履行を約束していること。
- 移転される財またはサービスに関する各当事者の権利を識別できること。
- 移転される財またはサービスの支払条件を識別できること。
- 契約に経済的実質があること（すなわち，契約の結果として，企業の将来キャッシュ・フローのリスク，時期または金額が変動すると見込まれること）。

- 顧客に移転する財またはサービスと交換に企業が権利を得ることとなる対価を回収する可能性が高いこと。

　従前の単純な商慣習をイメージすれば，通常売買取引は売り主と買い主の間での無言の意思表示をもって，売買意思をあらわすものである。厳密に上記した要件の定めまでは，会計処理として要請していなかったが，より有用な会計情報をステークホルダーに対して提供するという観点から，「契約の識別」の判断は重要な事項であると考えられる。

　Step2では，Step1で識別した契約の内容に目を向けて，企業と顧客との間に当該契約内での約束が単一の履行義務なのか，または複数の履行義務を含むのかを判断する段階を設定している。例えば，ノート型パソコンの販売と事後メンテナンスサービスがセットとなる販売契約で，通常はノート型パソコンの価格に事後メンテナンスサービスの費用も含めて，販売代金として収益計上をすることが考えられる。しかし新収益認識基準では，ノート型パソコンの引き渡しと，事後メンテナンスサービスという販売側に帰属する2つの履行義務を識別するステップを置いている。

　Step3では，Step2で示した履行義務別に分解された契約ごとの約束した財またはサービスを顧客に移転する事実に着目し，財・サービスの対価の金額を計算する段階を設定している。

　Step4では，Step3で示した取引価格が，各履行義務に配分されていくことを示し，最後のStep5で実際に履行義務を充足した事実をもって収益の認識を要請している（前掲書, 38～43頁）。

　このようにして，わが国の新収益認識基準が示されてきたが，従来のわが国における会計では，収益認識に関する包括的な会計基準は存在せず，収益の認識は収益計上の確実性や客観性を確保するための「実現原則[1]」に依拠してきた。収益認識の論理は，企業会計原則内で貸借対照表よりも優先して損益計算書原則を先に位置づけている点からも明らかなように，「収益費用アプローチ」に立脚してきた経緯がある。

図表 5-6　収益費用アプローチと資産負債アプローチの特質

	収益費用アプローチ	資産負債アプローチ
目的	企業業績把握	企業価値把握
中心概念（基本概念）	収益・費用（収益費用観）	資産・負債（資産負債観）
主要財務諸表	損益計算書	貸借対照表
利益計算	フロー重視	ストック重視

出典：桜井（2018, 44, 71～72頁）をもとに作成。

　そもそも収益認識会計は，上記した実現原則を除いて，企業会計原則中に何らの明文規定は存在せず，収益は企業活動の成果として流入した経済的価値であり，費用はその過程で企業から流出した経済的価値であると一般に解されている。

　利益測定は，損益計算書内で売上収益がフロントラインに位置づけられているように，企業活動の規模をあらわすだけではなく，ボトムラインの純利益を左右する重要な事項であるため，容易に取り消しができない確実性を具備しなければならないとした「実現原則」を要請している（桜井, 2012, 30～32頁）。

　近年，会計基準設定を主導する世界的な理念は，「収益費用アプローチ」から「資産負債アプローチ」へと移行してきた（**図表 5-6**）。この背景には，収益費用アプローチのもとでは取り引きに関係する収益と費用の把握を優先するあまり，仕訳で認識された諸勘定で損益計算書に収録されないものが貸借対照表の資産・負債に経過的に混入し，結果的に「クリーン・サープラス関係[2]」の維持がはかれないといった問題点が浮き彫りになった事由に起因している。

　前述のとおり，実現主義では，財貨またはサービスを第三者に販売または引き渡し，その対価として貨幣性資産の取得をもって収益の計上を行う会計処理がとられる。実現主義は，販売基準または引渡基準を代表とする概念であるため，販売または引き渡しの行為に主眼が置かれがちだが，対価として

受け入れる資産の種類にこそ実現の要件が内在していると考えられる。

このような理解は，収益とは，生産物が現金または他の有効な資産への転換によって実現すると把握し，収益は現金の受け入れもしくは売上債権または他の新しい流動資産によって裏づけられたときに実現すると定め，わが国の収益実現概念もここに根底を置いているととらえられる。実現の要件をまとめれば，以下のとおりとなる。

(1) 当該企業と外部の第三者との間に市場取引（交換取引）が存在していること。
(2) 財貨またはサービスが外部の第三者に引き渡し済みであるか，または提供済みであること。
(3) その対価として，現金もしくは現金請求権（現金同等物）または流動資産が取得されていること。

したがって，収益は上記の要件を満たしたときに実現収益として勘定または財務諸表で認識され，逆にいえば，上記の要件を満たさないかぎり「未実現」であるとして，勘定または財務諸表では認識されない。

そもそも，実現概念採用の根底には，会社法上の分配可能額の算定と法人税法上の課税所得計算から生成される処分可能利益の算定に視点が置かれている。これは，資金的な裏づけのある受入資産の性格を重視する立場よりは，収益の確実性を重視していると解することができる（広瀬，2015，459〜460頁）。

近年，わが国では収益認識に関する会計基準として，「企業会計原則」のほかに企業会計基準第15号「工事契約に関する会計基準[3]」などがあり，企業会計基準委員会（Accounting Standards Board of Japan：ASBJ）は企業の取引内容の多様化・複雑化や，収益認識に関する会計基準の国際的な動向等も踏まえて，収益認識基準のあり方に関する検討を重ねてきた。

2007年8月，ASBJは国際会計基準審議会（International Accounting

standards Board：IASB）と共同で会計基準のコンバージェンスの加速化に向けた取り組みへの合意（いわゆる「東京合意」）を公表し，この合意を踏まえて IASB と米国財務会計基準審議会（Financial Accounting Standards Board：FASB）が共同で推進してきた現行の収益認識を見直しするよう検討されてきた経緯がある。

その後，2008 年 12 月には，IASB および FASB よりディスカッション・ペーパー「顧客との契約における収益認識についての予備的見解」の公表を契機に，これまでの検討内容を整理するため，今後の収益認識のあり方を考える際，対象となる論点を広く一般から意見を募集することを目的として，「収益認識に関する論点の整理」が公表された[4]。

この論点整理は，前述したとおり IASB と FASB が共同で収益認識に関する会計基準の見直しの検討を推進してきた。IASB と FASB との共同プロジェクトにより提案された資産および負債の変動に基づく収益認識モデルは，実現や稼得，所有に伴うリスクと経済価値の移転等に基づく現行の収益認識モデルと異なるため，市場関係者に多大な影響をあたえる可能性も示唆されてきた。

その他，わが国では，「工事契約に関する会計基準（企業会計基準第 15 号）」，「工事契約に関する会計基準の適用指針（企業会計基準適用指針第 18 号）[5]」，「ソフトウェア取引の収益の会計処理に関する実務上の取扱い（実務対応報告第 17 号）[6]」等で，収益認識に関する会計基準を提供している。原則的な会計基準の実務面での運用に関しては，より詳細な規定を有する税法への影響も大きい。

2 財産法的利益計算構造

利益計算を行うための会計構造内での「財産法的利益計算構造」を定義するならば，一定期間の期首純財産と期末純財産との比較によって企業利益の計算を行う会計となろう。一般に，期首および期末の積極財産（資産）と消極財産（負債）とを実地の確認によって純財産を計算する構造となる。

この計算構造は，一定時点の財産の評価によって利益が決定され，実物点検をその手段とするため，資産の属性は物理的な存在および換金性の存在に執着した財産評価に基づいて純財産の増加差額として利益をとらえる点に特徴がみられる。しかし，本来は動的な活動であるはずの利潤獲得運動を十分に反映し得ないという欠点を有している（山桝，1991，244〜245頁）。

　この財産法的利益計算構造は，歴史的にみれば1920年代からの10年間は，棚卸法に基づく貸借対照表，つまり財産目録的な貸借対照表の作成が重視されてきた。当時の企業会計が，主として債権者からの信用目的のための債務弁済能力という外在的要請の支配に多大な影響を受けていた事実がうかがえる。

　すなわち，企業の経済的基盤が未成熟で，いわゆる継続企業の前提が現実適合性を持たない段階のもとでは，ステークホルダーの関心が債権的関心に置かれ，外部報告会計の目的適合性も関心適合性を前提にならざるを得なかったと考えられる（山桝・嶌村，1992，39〜40頁）。

　上述の段階では，会計はステークホルダーの債権者的関心に対する適合性目的にあるゆえに，外部報告会計の基本目的そのものが，利益計算よりも財政状態の表示に重点が置かれていた。

　なぜなら，ここでの債権者の関心は，純財産増加としての利益に対する関心ではなく，「債務弁済能力の表示」という観点から算定される純財産の額それ自体に置かれ，利益の内容も純財産の額の算定を通してはじめて決定される関係にあるからである。

　この段階の会計構造は，利益計算方式の面からとらえるときには財産法的利益計算構造としてあらわれ，棚卸法[7]に基づく財政状態の表示の面から「静態論的会計構造」という特徴を持つ。

　なお，ここにいう静態論的会計構造とは，後述する動態論的会計構造と対比される概念であり，厳密には静的貸借対照表論[8]を基盤とする会計構造をいう。

3 損益法的利益計算構造

　企業を取り巻く経済環境が成熟に向かっていくなかで，企業会計は社会的・経済的諸条件の変化に対応しつつ，前述した財産法的利益計算構造から，期間収益と期間費用との対応によって利益を算定する損益法的利益計算構造，すなわち「動態論的会計構造」へと発展してきた。

　この背景には，外的要因としての1920年代末期における証券資本主義の進行を媒介とした長期融資の利用および利益留保による内部金融の増大をとおした資本調達方法の変化があり，同時に短期債権の減少を示してきた。

　つまり，企業の経済的基盤が脆弱であった状態では，ステークホルダーは法人の解散ないしは破産という有事を前提的に想定し，財産価値評価の適合性を認めうるものの，経済基盤が確立し継続企業の前提が現実的となった状態では，即時処分可能な財産の評価に意味をなさず，結果的に収益力の表示を目的とした損益法的利益計算構造に移り変わっていった（前掲書，39～41頁）。

　このような伝統的な財務会計の考え方のなかでは，もっぱら収益費用アプローチに立脚して利益計算構造が展開されてきたが[9]，近年では資産負債アプローチを援用した後に，これに制約を加えた傾向がみられる。

　なお，動態論と静態論をめぐる貸借対照表能力の相違は，従前の貸借対照表論が企業の評価に基軸が置かれている点であり，評価は企業活動の動的な評価ではなく，永続企業を前提にし得ない段階での評価に起因する。

　岩田は，動的貸借対照表を本質的には簿記に基づく残高表であり，静的貸借対照表は財産目録を基礎とする平均表と説いている。貸借対照表の動態論的選択は，残高を有する元帳勘定科目によって制約され，静態論的見地では，記載資格の有無は原則的には簿記によって制約をされず，たとえ簿記上の勘定科目であったとしても，貸借対照表能力を有しないものであれば，貸借対照表資格を認容されないと考えられる[10]（岩田，1996，182～189頁）。

4 資産負債観と収益費用観

　従来，わが国では伝統的に期間損益計算を重視し，損益計算書から導き出される会計情報を重視してきた。

　近年，ステークホルダーが求める情報のなかで，必ずしも財務諸表に表示されない項目などが出てくるようになり，例えば従来の損益計算書からあらわされる純利益の計算だけではなく，公正価値[11]に基づいた企業価値の測定が求められるようになってきた。

　こうして，現在の企業財務情報の利益観は，わが国が伝統的に支持してきた損益計算書を重視する「収益費用アプローチ」から貸借対照表を重視した「資産負債アプローチに」によって企業利益を算定する方向にシフトしてきた。

　収益費用アプローチは，投資家等のステークホルダーが企業評価を行う際のインプットを利用している純利益の計算を重視しているが，一方のIASBなどが標榜する資産負債アプローチは，貸借対照表の純資産の額が企業価値ないしは近似値を表示するような資産負債の評価を目指している。これは，IASBが公正価値に強い執着を示してきた事実に起因していると考えられる（万代，2013，48～49頁）。

　そもそもIASBは，基準内部で解釈指針の他には詳細な規定や数値基準を有しない原則主義に基づいている。IFRSの「原則主義」の長所は，詳細な規定や数値基準がなく自由度が高い点であり，各会計基準の目的や基礎概念をあらわしているにすぎない。その基礎概念の中心点に，「概念フレームワーク」を置いている。特に，IFRSの新設・改訂にあたって重要視される概念が資産負債観であり，かつての取得原価主義や費用収益対応原則，実現主義等に基づいた適正な期間損益計算を主目的とする収益費用観から，財務諸表に表示されないオフバランス取引のオンバランス化によって，例えば金融商品の公正価値測定化や包括利益の計算などを経て徐々に資産負債観にシフトしてきたと考えられる。

損益計算書を中心とするフロー思考から,貸借対照表を中心とするストック思考に移行している点については前述したとおりであるが,原理的に考察すれば,フローはストックの変化と認識され,両者は表裏一体として位置づけられる。しかし,収益費用観の問題点は,規則的な費用配分や負担の平準化という発想を優先するあまり,実態の変化にまで踏み込んで把握しない点に問題があると解されている。この実態を可能な限り適切に表現しようと思考した結実が,資産負債観であるといえよう(冨塚,2011,83〜84頁)。

Ⅳ 概念フレームワークの役割と形成

1 概念フレームワークの役割

会計基準の制定を試みるとき,会計理論や会計実務の基礎をなすもっとも基本的な概念や前提事項から基準作成を行う行為を「演繹的アプローチ」という。演繹的アプローチのもとでは,財務報告の目的や,資産・負債などの重要概念を最初に定義し,整合性や首尾一貫性を確保するために,「概念フレームワーク」を会計の根底に置く演繹的な特徴がみられる(桜井,2018,59〜60頁)。

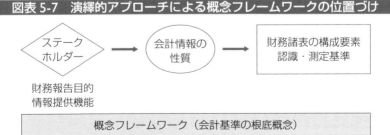

図表 5-7 演繹的アプローチによる概念フレームワークの位置づけ

出典:広瀬(2015,32〜33頁)をもとに作成。

演繹的アプローチには，上掲した**図表5-7**のロジックをもって会計基準の策定や会計手続きが行われる目的があると考えられ，概念フレームワークは，究極的に財務報告では「情報提供機能」の遂行を目的としていると読み取れる。世界的な動向として，国際会計基準委員会（International Accounting Standers Committee：IASC）よりも先行して概念フレームワーク[12]を設定した米国では，FASBが一連の「概念基準書」を公表している。

　概念基準書は，概念フレームワークに対して首尾一貫した会計基準を導き出す方向性を期待して，さらに財務会計および財務報告の本質，機能および限界を規定しながら，相互に関連する基本目的ならびに根本原理の整合的な体系の構築を目指してきた。

　会計上の取り引きその他の事象が発生した場合には，個別に会計処理などを規定している会計基準を適用するため，通常，直接的に概念フレームワークへの参照は実施されない。すなわち，概念フレームワークそれ自体は，特定の測定または開示に関して基準を定めず，それゆえIFRSより優先して適用されることはない[13]。

　もっとも，概念フレームワークそれ自体は会計基準とは異なり，一般に認められた会計原則ではなく，財務会計および財務報告上の諸問題を直接的に解決せず，ここに期待される焦点は，諸問題の発生に際して解決の方向づけを与えると位置づけられている（阿部, 2010, 47～48頁）。

　FASBとIASBの概念フレームワークの主な構成内容は，基本的な性質は同様と考えられ，会計基準の根底に演繹的に位置するべきとして概念フレームワークが存在している。

　FASBが概念フレームワークを設定した背景には，FASB以前に会計原則審議会（Accounting Principles Board：APB）で会計基準の基礎となるような諸概念が構築されてこなかった問題点が内在しており，会計基準の設定に際して，基準間の整合性や首尾一貫性を確保するための概念フレームワークの必要性が求められてきたと解することができる（山田, 2012, 34～35頁）。

　このように，概念フレームワークを財務報告の目的から演繹的に論理構成

し，形成された概念フレームワークに基づいて演繹的に基準設定を行い，論理的に首尾一貫した会計基準の開発が期待されてきた。

前述したとおり，概念フレームワークを規定する重要な要素は，どのような利益観に立脚するか，すなわち利益をどのようにとらえるかという点にある。ここで示される利益観とは「資産負債アプローチ」と「収益費用アプローチ」の2つがその内容となるが，FASBの概念フレームワークやIASBの概念フレームワークは，財務諸表の構成要素の定義から，一般に「資産負債アプローチ」に基づく。

しかしながら，FASBの概念フレームワークは，一会計期間の業績を示す測定値として稼得利益の概念を重視し，実現基準に基づく収益の認識と費用収益の対応によって稼得利益の算定をしている理由より，必ずしも資産負債アプローチを一貫して支持しているわけではなく，一部に収益費用アプローチ的な側面を残しているという見解もある（山田，2010，18～19頁）。

2 ASBJ概念フレームワークの意義

わが国の概念フレームワークは，企業会計行為の基礎にある前提や考え方を体系化して形成されてきた。会計基準の概念的な基礎を提供し，会計基準に対する理解を深め，その解釈の予見可能性の向上を意図して設定され，「国際的なコミュニケーションの手段」と位置づけられている（米山，2007，17～37頁）。

また，概念フレームワークは財務諸表利用者に資するものであり，利用者が会計基準を解釈する際に無用の時間的コストの発生を避けるという効果を有すると考えられている。そして概念フレームワークは，将来の基準開発に指針をあたえる役割も有するため，既存の基礎的な前提や概念を要約するだけでなく，吟味と再検討を加えた結果が反映されている。しかし，概念フレームワークは個別具体的な会計基準の新設・改廃をただちに提案するものではなく，その役割はあくまでも基本的な指針の提示にある。

概念フレームワークは，現行の会計基準の基礎にある前提や概念を出発点

としており，財務報告を取り巻く現在の制約要因を反映している。制約要因とは，具体的には市場慣行，投資家の情報分析能力，法の体系やそれを支える基本的な考え方および基準設定の経済的影響に係る社会的な価値判断などがその内容となる[14]。

現在では制約要因の等質化が進展し，各国の違いは少なくとも部分的には解消されつつある。しかし，この傾向がとりわけ顕著にあらわれる場面がビジネス環境であり，財，サービス，マネー，人材などの国際的な移動に対する障壁が取り払われ，共通のルールに基づく自由な取り引きの実現によって，会計基準の国際的な統合化が進められている。

ASBJでは，企業を取り巻く取引内容の多様化・複雑化，国際的な会計基準の動向を踏まえて，収益認識基準のあり方を検討してきているが，その背景には，IASBとFASBが共同で進めている検討の成果として「顧客との契約における収益認識についての予備的見解」の公表が起因していると考えられる（豊田, 2010, 18～20頁）。

なお，概念フレームワークは，2006年12月にASBJの基本概念ワーキング・グループから〈討議資料「財務会計の概念フレームワーク」〉として公表された。これはワーキング・グループの見解がまとめられた内容であって，最終的には，金融庁より「日本版概念フレームワーク」として公表されると期待されていたが，現状では「討議資料」のままでとどまっている状況にある。

もっとも概念フレームワークは，会計基準の基礎にある前提や概念を体系化しているため，記述内容はおのずから抽象的となり，個別基準の設定・改廃に際しては，概念フレームワークの内容に関する解釈が同時に必要になる。したがって，概念フレームワークだけでは，個別の会計基準の具体的な内容を直接定められない。会計基準は原則として証券市場のディスクロージャー制度を念頭に置いて策定されているため，公開企業を中心とする証券市場への情報開示が前提となり，証券市場への情報開示を前提とする概念フレームワークの下で開発された会計基準は，財務諸表のさまざまな利用者に

とっても有用であり得るように期待されている。

　前述したとおり，概念フレームワークは，企業会計（特に財務会計）の基礎にある前提や概念を体系化しているため，会計基準の概念的な基礎を提供しながら，会計基準に対する理解を深め，その解釈の予見可能性も高めると期待されている。また，概念フレームワークは財務諸表の利用者に資するため，利用者が会計基準を解釈する際の無用のコスト発生を避けるという効果も同時に期待される。

　概念フレームワークは，将来の基準開発に指針をあたえる役割も有するため，既存の基礎的な前提や概念を要約するのみではなく，再検討を重ねた結果が反映されている。そこには基準化されていない内容も含まれており，概念フレームワークに内包される個別具体的な会計基準の新設・改廃をただちに提案し得ない特質がみられる。したがって，概念フレームワークの役割は，あくまでも基本的な指針を提示し，現行の会計基準の基礎にある前提や概念を出発点として，財務報告を取り巻く現在の制約要因を反映することにある。

　ASBJは，日本の会計基準および財務報告の基礎となる概念フレームワークの制定を，会計基準のコンバージェンスに向けた国際的な場での議論に資すると宣明している。しかし，IASBとFASBにより共通の概念フレームワーク策定に向けた共同作業が行われてきた事実を鑑みれば，当時のタイミングで概念フレームワークを公開草案という形で公表するのは適切ではないとの懸念を生じさせ，時期尚早であると考えられてきた。このような理由より，無用な混乱と誤解を避けるために，ASBJは概念フレームワークを「討議資料」としての公表にとどめた経緯がある。

　概念フレームワークの構成は，本来，多様な選択肢があり得るが，わが国のそれは海外の先例にならっている。海外の主な会計基準設定主体が公表している概念フレームワークは，わが国でもすでに公知の事実であるため，それらと構成を揃えることにより理解が容易になり，また概念フレームワークとしての機能がより効果的に発揮されると期待された。

　もっとも会計の基準化では，概念フレームワークが演繹法によるアプロー

チをする問題点も指摘されている（山田, 2012, 36～37頁）。例えば演繹法では, 前提に含まれている情報を超える新たな情報を結論として得られないとした限界を有しており, デュープロセスの経由によってステークホルダーからの圧力が加えられ, 妥協を余儀なくされる可能性を有していると考えられている。

なお, IASBは2018年3月に概念フレームワークの改訂を公表している。そこでは, 主に測定に関する新しい章, 財務業績の報告に関するガイダンス, 定義およびガイダンスの改善（特に負債の定義), 重要な領域の明確化（財務報告の受託責任, 慎重性および測定の不確実性の役割など), 測定基礎の選択や表示方法等なども含み, 多岐にわたって改訂がなされている。

V むすび

財務会計は, 社会的な規範に裏づけられた会計であり, 規範とは狭義の意味での社会規範のうち, 企業が守らなければならない法規範と一部のIR活動を含むと解することができる。財務会計の機能には, 大別して利害調整機能と情報提供機能とがあり, 利害調整とは企業のステークホルダーまたはステークホルダー相互間の利害, すなわち利益をめぐる対立を調整し, 情報提供とは企業の経済活動および経済事象に関する情報をステークホルダーに報告する活動をいう。

社会活動の変化に伴って, 経営活動も広範になり, ステークホルダーに対する情報提供の範囲も変質し, 会計構造もそれに呼応するべく様相を変容させてきた。

本章では, 利益計算の基礎にある諸概念を取り上げて, 会計構造（利益計算構造）と収益会計の発展に焦点を当てながら, 口別利益計算構造から期間損益計算構造, 現金主義から発生主義, 財産法から損益法, そして収益費用アプローチから資産負債アプローチへと変貌を遂げてきた経緯を概観した。

第5章
財務諸表論の会計構造論的基盤

　終局的な会計基準の策定においては，演繹的なアプローチに基づくことが重要と考えられ，ステークホルダーへの情報提供機能の充実を目的とした利益計算と会計基準の展開の根底に位置する「概念フレームワーク」についても取り上げた。

　今後，情報提供機能をつかさどるステークホルダーに対する財務報告の目的を達成するためには，グローバルな視点に着目した投資家による企業成果の予測や企業価値の把握に資するように，次章（第6章）で取り上げる国際会計基準との統合化を意識しながら，会計をとらえていく必要があろう。

注
1) 財貨または用役を第三者に販売または引き渡し，その対価として貨幣性資産の取得をもって実現の要件としている（「企業会計原則」第二，三，B）。
2) 損益計算書で計算される最終利益たる純利益（損失）の額と，貸借対照表上の純資産の増減額とが一致する関係をいう。
3) 2018年3月30日公表の企業会計基準第29号「収益認識に関する会計基準」の適用により廃止。
4) 阿部（2010）によれば，ディスカッション・ペーパー「顧客との契約における収益認識についての予備的見解」での収益認識の原則は，米国では100以上のガイダンスを有し，IFRSでは2つの主要な収益認識に関する基準（IAS第18号「収益」およびIAS第11号「工事契約」）の基礎をなす原則は矛盾と曖昧性を内包しているとした意見も散見されると示している。
5) 2018年3月30日公表の企業会計基準第29号「収益認識に関する会計基準」の適用により廃止。
6) 2018年3月30日公表の企業会計基準第29号「収益認識に関する会計基準」の適用により廃止。
7) 笠井（2000）は，棚卸法（期末に実地棚卸を行い，資産と負債の差額をもって純財産額を求め，期首期末の純財産額との差額で利益を計算する方法）と誘導法（日々の取り引きを帳簿に記録し，その帳簿記録に基づいて貸借対照表と損益計算書を作成し，利益を計算する方法）とを財務諸表作成に関する異質の原理と解し，either-orの関係として，すなわち大局的には棚卸法から誘導法への移行と位置づけている。しかし，例えば岩田は棚卸法と誘導法の関係はas well asの関係として位置づけ，両者はそれぞれが補完的な役割を担い包摂しあうことによって，1つの「財務諸表作成の体系ができあがる」と説示している。
8) 静的概念とは，貸借対照表の第一義的機能を，一定時点の債務弁済能力の視点からの財政状態の表示を行うことを意味する。
9) 企業会計原則は，損益計算書を先に配置し，損益法で利益測定を規定する，いわゆる「収

10) 静的貸借対照表における貸借対照表能力の検証とは，企業の解散ないしは倒産等の有事を想定して，債権者等が容易にして換金できる資産の即時売却価額を根底に置いている。したがって，静的貸借対照表では，財産目録の意味を強く有していると考えられるが，財産目録には貸借対照表のような純資産の項目が存在せず，すなわち長らく貸借対照表の純資産は，資産から負債を控除した差額と把握されてきた。
11) 貸借対照表に計上される資産や負債の価額を算定するための評価算定基準の1つであり，一般に市場価格よりも広い概念としてとらえられる。
12) 概念フレームワークは，当初IASCが公表した「財務諸表の作成および表示に関するフレームワーク（1989年）」を改訂し，2010年にIASBより公表された。
13) 例えば，IFRSと概念フレームワークが一致していない場合には，IFRSが優先される（IASB, 2010, Conceptual Framework, Purpose and status, par.2）。
14) ディスクロージャー制度で開示される会計情報は，企業関係者の間の私的契約等を通じた利害調整にも副次的に利用されている。また，会計情報は不特定多数を対象とするいくつかの関連諸法規や政府等の規制でも副次的に利用されている。その典型例は，配当制限（会社法），税務申告制度（税法），金融規制（例えば自己資本比率規制，ソルベンシー・マージン規制）などがある。

参考文献

IASB（2010）*The Conceptual Framework for Financial Reporting*, IASB.
IASB（2014）*Revenue from Contracts with Customers*, International Financial Reporting Standard 15,IASB.
阿部光成（2010）「概念フレームワークと実務」『企業会計』第62巻第8号。
荒井優美子(2018)「収益の額」『企業会計』第70巻第8号。
飯野利夫(1983)『財務会計論〈改訂版〉』同文舘。
井上達雄（1982）『新財務諸表論〈最新版〉』中央経済社。
岩田巌（1996）『利潤計算原理〔第21版〕』同文舘。
笠井昭次（2000）『会計の理論』税務経理協会。
川村義則（2004）「純利益と包括利益」『企業会計』第56巻第1号。
桜井久勝（2012）「資産負債アプローチによる収益の概念」『企業会計』第64巻第7号。
桜井久勝（2018）『財務会計講義（第19版）』中央経済社。
染谷恭次郎（1992）『現代財務会計〈改訂増補4版〉』中央経済社。
武田隆二（1998）『会計学一般教程〈第3版〉』中央経済社。
田中久夫（2005）『商法と税法の研究―会計包括規定と計算実体規定の比較―』森山書店。
豊田俊一（2010）「IASBとFASBによる収益認識基準の見直しとASBJの論点整理について」『企業会計』第62巻第2号。
冨塚嘉一（2011）「原則主義vs.細則主義を超えて」『企業会計』第63巻第1号。
中條恵美（2017）「収益の認識基準」『企業会計』第69巻第11号。

広瀬義州（2015）『財務会計〔第13版〕』中央経済社。
万代勝信（2013）「我が国の会計制度を考える―中間的論点整理を読んで―」『企業会計』第65巻第1号。
山田辰己（2010）「概念フレームワークとは何か」『企業会計』第62巻第8号。
山田康裕（2012）「財務会計の概念フレームワーク」『企業会計』第64巻第1号。
山枡忠恕（1991）『複式簿記原理』千倉書房。
山枡忠恕・嶌村剛雄（1992）『体系財務諸表論理論篇〈四訂版〉』税務経理協会。
山本浩二（2018）「収益認識基準 適用準備の進め方 特集の全体」『企業会計』第70巻第3号。
米山正樹（2007）「討議資料の基本的な考え方」斉藤静樹編著『詳解「討議資料 財務会計の概念フレームワーク」〈第2版〉』中央経済社。
渡邉泉（2014）『会計の歴史探訪―過去から未来へのメッセージ―』同文舘出版。

第 **6** 章

国際会計の潮流と諸理論

I　分析視角

　近年，企業活動の国際化に伴って，国際的な資金調達や証券市場の体制づくりが構築されてきている。また企業の製造・販売活動の拠点が国際化しつつあるなかで，多国籍な企業がグローバルな投資家を対象に財務報告を行う場合，国際的に同質の会計情報が求められることは必然である（田中, 2005, 7頁）。

　ステークホルダー（stakeholder：利害関係者）の関心が国内のみならず国外からも向けられるなかで，会計基準の国際的なコンバージェンス（convergence：統合）も積極的に推進されつつあり，グローバルな視野での財務情報の比較可能性の確保は，ステークホルダーへの情報提供機能にとって会計基準の存在意義の1つと考えられる（尾崎, 2017, 63頁）。

　一方で，各国にはそれぞれの法域が存在し，独自の法律や制度があるため，経済環境や商慣習も異なることから，全世界で完全に首尾一貫した会計処理の存立は困難を極める。また会計制度はそれだけで成り立つものではなく，周辺の制度的枠組みや他の行政手段だけを切り離して考えるのは不可能であろう。

　国際会計基準審議会[1]（International Accounting Standards Board：IASB）もこの点には十分に配慮し，全世界的に同一化された会計基準を当てはめても，場合によっては経済的に意味合いが異なる結果になりうると懸念している。したがって，国際財務報告基準（International Financial Reporting Standards：IFRS）を適用する際には，詳細なルールベース（細則主義的：rule base）ではなく，原則ベース（原則主義的：principle base）でのアプローチが必要である。

　原則ベースでのアプローチでは，会計基準のあり方が細則的にならないことが特質としてあげられ，会計報告主体が会計基準の達成しようとしている重要性や目的などを十分に理解したうえで，財務諸表利用者に対して目的適

第 6 章

国際会計の潮流と諸理論

合的で忠実な表現ができているかを判断しなければならない能力が求められる（鴬地，2017, 24 頁）。

　周知のとおり，単一で高品質な国際会計基準の策定は，世界経済の効率化・活性化をはかる観点から有効である。わが国でもこの目標を実現していくために主体的に取り組むのは，日本の企業活動・資金調達に有益であるとともに，日本市場の国際的競争力を確保する観点からも重要であると考えられる。日本基準と国際的な会計基準とのコンバージェンスは，統一的な会計基準下での財務諸表の作成を可能にして，企業間の財務情報の比較可能性を高め，グローバルな企業財務情報の比較を容易にする利点を有する。

　本章では，まず国際会計基準をめぐる理論的な展開のなかで，わが国の会計基準と国際的な会計基準とのコンバージェンスの動向を概観する（Ⅱ）。

　従前よりわが国では，1949 年に米国の会計基準を参考にして作られた「企業会計原則」が存在しているが，この会計基準は，戦後の経済再建を目的に策定されたものであり，その後，企業会計審議会より以下に掲載した基準が公表された（**図表 6-1**）。

　特に連結財務諸表，キャッシュ・フロー計算書，退職給付会計，税効果会

図表 6-1　企業会計審議会の主な公表事項

連続意見書 第三「有形固定資産の減価償却について」	研究開発費等に係る会計基準
連続意見書 第四「棚卸資産の評価について」	連結キャッシュ・フロー計算書等の作成基準
連続意見書 第五「繰延資産について」	中間連結財務諸表作成基準
連結財務諸表原則	退職給付に係る会計基準
中間財務諸表作成基準	税効果会計に係る会計基準
外貨建取引等会計処理基準	金融商品に係る会計基準
セグメント情報の開示基準	固定資産の減損に係る会計基準
先物・オプション取引等の会計基準に関する意見書	企業結合に係る会計基準
リース取引に係る会計基準	

出典：筆者作成。

図表 6-2　公表済みの企業会計基準

第1号「自己株式及び準備金の額の減少等に関する会計基準」
第2号「1株当たり当期純利益に関する会計基準」
第3号　※企業会計基準第26号（2012年5月17日公表）の適用により廃止
第4号「役員賞与に関する会計基準」
第5号「貸借対照表の純資産の部の表示に関する会計基準」
第6号「株主資本等変動計算書に関する会計基準」
第7号「事業分離等に関する会計基準」
第8号「ストック・オプション等に関する会計基準」
第9号「棚卸資産の評価に関する会計基準」
第10号「金融商品に関する会計基準」
第11号「関連当事者の開示に関する会計基準」
第12号「四半期財務諸表に関する会計基準」
第13号「リース取引に関する会計基準」
第14号　※企業会計基準第26号（2012年5月17日公表）の適用により廃止
第15号「工事契約に関する会計基準」
　　　　※企業会計基準第29号（2018年3月30日公表）の適用により廃止される
第16号「持分法に関する会計基準」
第17号「セグメント情報等の開示に関する会計基準」
第18号「資産除去債務に関する会計基準」
第19号　※企業会計基準第26号（2012年5月17日公表）の適用により廃止
第20号「賃貸等不動産の時価等の開示に関する会計基準」
第21号「企業結合に関する会計基準」
第22号「連結財務諸表に関する会計基準」
第23号「『研究開発費等に係る会計基準』の一部改正」
第24号「会計上の変更及び誤謬の訂正に関する会計基準」
第25号「包括利益の表示に関する会計基準」
第26号「退職給付に関する会計基準」
第27号「法人税，住民税及び事業税等に関する会計基準」
第28号「『税効果会計に係る会計基準』の一部改正」
第29号「収益認識に関する会計基準」

出典：筆者作成。

計，金融商品などの会計基準は，国際的に通用する会計基準の整備を目指した「会計ビッグバン」と称される会計改革が行われ，その最終段階として，「減損会計」が強制適用された経緯がある。

　近年の国際動向に呼応するように，2001年に企業会計基準委員会（Accounting

Standards Board of Japan：ASBJ）が設立され，「企業会計基準第○号」という名称で，以下に示した第1号から第29号までの基準が公表されている（**図表6-2**）。

わが国における金融商品取引法のディスクロージャー制度を管轄する金融庁は，日本企業が連結会計を公表する場合に準拠するべき会計基準として，日本基準のほかに米国基準とIFRSの採用を認めている。さらに，ASBJはIFRSと日本基準の間で意見が異なる部分に修正を加えた「修正国際基準[2]（Japan's Modified International Standards：JMIS）」を公表している。ここで取り上げられているトピックスには，その他の包括利益における組替調整とのれんの償却の是非の2つがあげられている。

これらを受けて，本章Ⅲでは，包括利益の計算構造と組替調整を取り上げて解説し，包括利益計算書をめぐる争点や組替調整の是非に触れている。包括利益の開示が制度会計上どのような意義を内包し，いかなる影響をあたえるのか，さらにどのような課題を新たに提起するのかを考察している。

そして，もう1つの争点に取り上げられる「のれんの償却」の是非については，のれんの規則償却を行うか，または減損会計に委ねるかといった内容になっている状況である。しかし一方で，近年，株式市場が予想もしなかった巨額なのれんの減損損失が計上される「のれん減損サプライズ」といった問題が生じている。このような観点から減損会計の役割は大きいと考えられ，本章Ⅳ・Ⅴにおいて取り上げている。

Ⅱ 国際会計基準をめぐる理論的展開

上述したとおり，ASBJからJMISが公表され，わが国におけるIFRSの任意適用を促進するための方策が進行し，IFRSの国内承認（エンドースメント）の手続きが萌芽してきた。

JMISは，「日本版国際会計基準」ともいうべきものであり，国際会計基準

とのコンバージェンスを推進するために，日本基準とIFRSとの会計処理上の考え方の相違点を抜き出して，IFRS内容への修正によって「日本版IFRS」としての位置づけを確立した内容となっている（桜井，2018，53～54頁）。当該基準に対しては，JMISの採用がIFRSの強制適用を阻害するものであるとした意見や，わが国の市場における会計基準がASBJ，IFRS，米国基準に続いて，JMISという第4の基準が容認され，結果的に無用の混乱を招くおそれがあるという意見も散見される（辻山，2014，35頁）。

この混乱のなかにある事項では，企業会計基準委員会より公表された「包括利益の表示に関する会計基準」（企業会計基準第25号）があり，2011年3月31日以降に終了する連結財務諸表の年度末に係る連結財務諸表での「包括利益」の表示を義務づけた。

従前のわが国の制度会計では，財務諸表内で包括利益の表示を要請していなかったが，国際的な会計基準とのコンバージェンスに向けて，2010年の基準に包括利益の表示を義務づけるに至った（伊藤邦雄，2011，18～19頁）。包括利益計算書の構造を示せば，次頁に掲載した**図表6-3**のとおりである。

包括利益報告の目的は，企業の純資産増減の状況に関して包括的に経営成績を表示する計算書のなかで表示することにある。既存の経営成績を表示する計算書が，実現原則[3]に依拠する当期純利益であるがゆえに，経営者によって実現の時点を恣意的に操作される可能性を有する問題が指摘されてきた。

これに対応するため，経営者による恣意的な操作[4]の排除をはかり，資産および負債を客観的に測定する基準を設けて包括利益を認識し，財務報告の信頼性の確保[5]を図ってきた。

しかし，包括利益は資産および負債の測定に依拠する概念であるゆえ，多くの資産および負債の測定値（特に現在価値）のなかに，将来の見積りが影響する傾向が強まっており，測定値の信頼性の程度も変質する可能性が危惧されている。

ここでは，まず包括利益の開示が制度会計上どのような意義を内包し，い

図表 6-3　包括利益計算書の構造と種類

＜2計算書方式＞

損益計算書

売上高	XX,XXX
諸費用	XX,XXX
当期純利益	1,000

包括利益計算書

当期純利益	1,000
その他の包括利益	
その他有価証券	
評価差額金	500
繰延ヘッジ損益	100
その他の包括利益合計	600
包括利益	1,600

＜1計算書方式＞

損益及び包括利益計算書

売上高	XX,XXX
諸費用	XX,XXX
当期純利益	1,000
その他の包括利益	
その他有価証券	
評価差額金	500
繰延ヘッジ損益	100
その他の包括利益合計	600
包括利益	1,600

出典：桜井（2018, 303頁）。

かなる影響をあたえるのか，さらにどのような課題を新たに提起するのかを考察していく。具体的には，包括利益をめぐる論点[6]に関して，当期純利益か包括利益かといったいずれか一方を開示するといった観点ではなく，両者ともに開示していくという視点から論述していく（川村，2004, 53～54頁）。

　例えばIASBが示した見解のとおり，純利益の信頼性を補完する意味で包括利益のみを表示するという指摘も理解できるが，そもそも包括利益における情報価値の存否に疑いを持ち，純利益のみを表示するという意見も散見される。ここでは，むしろ2つの利益の開示によって，両者の信頼性が高まるものという視点から，Ⅲの内容を構成していく[7]。

III 包括利益会計基準の体系理論

1 包括利益の立脚点

　投資家における投資の意思決定の尺度が，株式や債券を発行する企業の評価価値に感応する性質を考慮すれば，会計情報は企業価値評価に資するものでなければならず，投資家の意思決定に役立つ情報開示の目的に立脚していなければならない。

　投資家の意思決定に資する尺度は，会計の変遷に大きく影響を与えたものであり，すなわち伝統的な会計観のいわゆる原価主義会計・収益費用アプローチから，新しい会計観である公正価値会計[8]・資産負債アプローチへの変遷を示してきた（斎藤, 2015, 17～18頁）。

　原価主義会計における営業収益は，「実現主義」に基づいて認識され，費用は発生費用から「費用収益対応の原則」に従って実現収益に対応させる方式で認識される。一会計期間における経営成果である収益とそれを獲得するために犠牲にした費用とを対応させ，これによって期間利益が正味成果を示してきた。

　原価主義会計のもとでは，トップラインである実現収益からそれに対応する諸費用を控除して，ボトムラインである当期純損益が計算される。このような利益観を「収益費用アプローチ」と称し，計算体系に「その他の包括利益」の加減処理によって「包括利益」が表示される（角ケ谷, 2015, 40～41頁）。

2 公正価値とその他の包括利益

　1997年以降，わが国では会計ビッグバンにより，公正価値評価が部分的に導入されてきた。このうち「その他の包括利益」に該当する項目は，その他有価証券の評価差額が該当する。これについては「全部純資産直入法」と「部

分純資産直入法」の2つの方式があり，前者では評価差額を純資産の部「評価・換算差額等」に計上し，後者は正の評価差額を純資産に，負の評価差額を損益計算書に計上する。

　その他有価証券の評価差額を純資産の部に計上する理由は，その他有価証券の保有目的が売買取引によって利益を獲得する目的ではない事由に起因する。例えば，持合株式等による取引先との長期的な安定関係を維持構築する目的で相互保有している状況で，当該有価証券を公正価値によっての評価は可能ではある。しかし，評価差額を当期の純損益に計上する行為は，未実現利益の計上になるおそれがある。「その他有価証券評価差額金」を含むその他の包括利益の内容を示せば，以下のとおりである。

(1) その他有価証券評価差額金

　その他の包括利益のうち，「その他有価証券の評価差額」は，「金融商品に関する会計基準」（企業会計基準第10号）で規定され，期末におけるその他有価証券評価差額金を内容とする。

　その他有価証券とは，子会社株式や関連会社株式といった明確な保有的性格を有する株式以外の有価証券であって，売買目的または満期保有目的が明確に認められない有価証券をいう。業務遂行上の関係を有する企業の株式等は，市場動向によっては売却を想定している有価証券まで多種多様な性格を有しており，一義的にその属性を規定するのは困難と判断される。

　有価証券の分類のうち，売買目的有価証券，満期保有目的債券，子会社株式および関連会社株式のいずれにも分類できない有価証券（その他有価証券）は，個々の保有目的等に応じて性格づけをさらに細分化して，それぞれの会計処理を定める方法も考えられる。しかし，多様な性格に鑑みて，保有目的等を識別・細分化する客観的な基準の設定が困難であるとともに，保有目的等自体も多義的かつ変化していく面がある理由から，売買目的有価証券と子会社株式および関連会社株式との中間的な性格を有する点を考慮し，一括してとらえるのが適当であると解されている。

そこで，その他有価証券の評価は，時価をもって貸借対照表価額とするものの，早急な売却を目的にしていない状況に鑑みて，その他有価証券に付するべき時価に市場における短期的な価格変動を反映させるのは必ずしも求められていないと考えられる。

　その他有価証券の時価は，投資者にとって有用な投資情報であるが，その他有価証券は，事業遂行上等の必要性から直ちに売買・換金を行うには制約を伴う要素もあり，評価差額を直ちに当期の損益で処理するのは適切ではないと考えられている。

　また，国際的な動向をみても，その他有価証券に類するものの，評価差額は当期の損益とせず[9]，資産と負債の差額である「純資産の部」に直接計上する方法や包括利益を通じて「純資産の部」に計上する方法が採用されている。

(2) 繰延ヘッジ損益

　その他の包括利益のうち「繰延ヘッジ損益」は，「金融商品に関する会計基準」（企業会計基準第10号）で定められ，一般にデリバティブ取引に係るヘッジ手段の評価差額の計上処理下で発生する。

　ヘッジ取引とはヘッジ対象の資産または負債に係る相場変動リスクを相殺する場合や，ヘッジ対象の資産または負債に係るキャッシュ・フローを固定し，その変動の回避により，ヘッジ対象である資産または負債の価格変動，金利変動および為替変動といった相場変動等による損失の可能性を減殺させ，デリバティブ取引をヘッジ手段に用いる取引をいう。

　原則的な処理方法によれば，ヘッジ手段であるデリバティブ取引は時価評価によって損益が認識されるが[10]，ヘッジ対象の資産に係る相場変動等が損益に反映しない場合には，両者の損益が期間的に対応せず，ヘッジ対象の相場変動等による損失の可能性がヘッジ手段によってカバーされているという経済的実態が財務諸表に反映されない。このため，ヘッジ対象およびヘッジ手段に係る損益を同一の会計期間に認識し，ヘッジの効果を財務諸表に反映

させるヘッジ会計が必要と考えられている。

　1999年の会計基準では，ヘッジ会計は時価評価されているヘッジ手段に係る損益または評価差額を，ヘッジ対象に係る損益が認識されるまで資産または負債に繰り延べる方法を原則としていたが，当該ヘッジ手段に係る損益または評価差額は，純資産会計基準により，税効果を調整のうえ，純資産の部に記載されるように定められた。

(3) 為替換算調整勘定

　その他の包括利益のうち「為替換算調整勘定」は，在外子会社等の外国通貨で表示されている財務諸表項目の換算から生じる換算差額であり，当該性質は未実現の為替差損益に位置づけられる（伊藤眞, 2011, 43頁）。

　これは，「貸借対照表の純資産の部の表示に関する会計基準等の適用指針」（企業会計基準適用指針第8号）で定められ，在外子会社の円換算をする際に発生する項目と定義されている。

　在外子会社の財務諸表の換算は，外貨基準では，資産および負債は決算時の為替相場により円換算し，親会社による株式取得時の資本に属する項目は株式取得時の為替相場により円換算すると規定されているが，ここにいう資本に属する項目とは，連結財務諸表の作成にあたり資本連結等の対象となる項目と考えられている。

　親会社による株式の取得時の資本に属する項目は，これまでと実質的に同じ範囲となるように，在外子会社の貸借対照表上の純資産の部における株主資本および評価・換算差額等に属する項目や在外子会社の資産および負債の評価差額とするのが適当と考えられる。

　また，外貨基準では，親会社による株式の取得後に生じた資本に属する項目は，発生時の為替相場により円換算するとしている。なお，親会社による株式の取得後に生じた資本に属する項目は，これまでと実質的に同じ範囲となるように，在外子会社の貸借対照表上の純資産の部における株主資本および評価・換算差額等に属する項目と認識するのが適当と考えられてきた。

この結果，資本連結時での在外子会社資本を，支配獲得時の為替相場により換算する場合，親会社持分と非支配株主持分を合計した全体に係る評価差額が支配獲得時の為替相場により円換算され，株式の追加取得または一部売却があっても，当該会社が連結子会社である限り，外貨額および円換算額とも固定され，資本連結取引で親会社持分と非支配株主持分に配分されていく。

(4) 退職給付に係る調整累計額

　その他の包括利益のうち「退職給付に係る調整累計額」は，「退職給付に関する会計基準」（企業会計基準第26号）で定められ，「未認識数理計算上の差異」と「未認識過去勤務費用」のうち，費用処理されていない部分から構成される。

　1998年の会計基準では，数理計算上の差異および過去勤務費用を平均残存勤務期間以内の一定の年数で規則的に処理[11]すると規定し，費用処理されない部分（未認識数理計算上の差異および未認識過去勤務費用）は貸借対照表に計上せず，これに対応する部分を除いた積立状況を示す額を負債（または資産）に計上すると定めていた。

　しかし，一部が除かれた積立状況を示す額を貸借対照表に計上する場合，積立超過のときに負債（退職給付引当金）が計上され，積立不足のときに資産（前払年金費用）が計上される事実があり得るなど，財務諸表利用者の理解を妨げているのではないかという指摘を受けていた。

　このため，2012年の改正により国際的な会計基準も参考にして検討を行った結果，未認識数理計算上の差異および未認識過去勤務費用を，税効果を調整のうえ，純資産の部（その他の包括利益累計額）に計上し，積立状況を示す額を負債（または資産）に計上する内容が定められた。

　また同年の改正では，数理計算上の差異および過去勤務費用の当期発生額のうち，費用処理されない部分をその他の包括利益に含めて計上し，その他の包括利益累計額に計上されている未認識数理計算上の差異および未認識過

去勤務費用のうち，当期純利益を構成する項目とみなして費用処理された部分に関して，その他の包括利益の調整（組替調整）を行うと示されている。一方，IFRSでは組替調整が行われないことが大きな相違点としてあげられる（IASC, 1998, IAS19, par.122）。

なお，日本基準で組替調整をする意義は，数理計算上の差異と過去勤務費用の会計処理を，損益計算書上は従来の退職給付会計基準の扱いと同様に遅延認識し，数理計算から発生する差異や制度変更により生じる一時的な退職給付債務の増減の全額を当期純利益に影響させずに平準化させることにある。またもう1つの側面は，損益計算書を経ずして未実現損益等が直接貸借対照表の純資産の部に計上される「ダーティー・サープラス会計」を回避し，すべての損益は損益計算書での認識を通して，貸借対照表の純資産の部の増減となる「クリーン・サープラス」の考え方に基づいているとした解釈も散見される（小澤, 2011, 51頁）。

そもそも数理計算上の差異の処理は，発生した時点に費用とする考え方もあるが，国際的な会計基準では一時の費用とはせず，一定の期間にわたって費用としたり，または，一定の範囲内は認識しないという処理（回廊アプローチ）が採用されていた。

こうした会計処理は，過去勤務費用の発生要因である給付水準の改定等で，従業員の勤労意欲が将来にわたって向上するとの期待のもとに行われる側面がある。数理計算上の差異には，予測と実績の乖離のみならず予測数値の修正も反映され，各期に生じる差異を直ちに費用計上する行為が退職給付に係る債務の状態を忠実に表現するとはいえない等の考え方が根底にあったと考えられる。

また，数理計算上の差異の取り扱いは，退職給付債務の数値を毎期末時点で厳密に計算し，その結果生じた計算差異に一定の許容範囲（回廊）を設ける方法と，基礎率等の計算基礎に重要な変動が生じない場合には計算基礎を変更しない等の計算基礎の決定にあたって合理的な範囲で重要性による判断を認める方法（重要性基準）がある[12]。

退職給付費用が長期的な見積計算であるという事実に鑑みて，重要性による判断を認めるのが適切と考えられ，数理計算上の差異の取り扱いは，重要性基準の考え方に立脚していたと考えられる。

3　組替調整（リサイクリング）の意義

　先述したとおり，2014年7月31日にASBJよりJMISにおける基準案が公表されたが，当該基準案は2013年6月19日に企業会計審議会より「IFRSへの対応のあり方に関する当面の方針」で公表された背景を有する。

　ここでは，わが国におけるIFRSの任意適用を推進するための方策として，国内承認（エンドースメント）手続を導入し，IASBにおける会計基準が，わが国のそれと合致しない場合や実務上の困難性を内包している場合には，わが国からIASBに対して意見発信を行ってきた経緯がある。その一環の手続きで，包括利益をめぐっては「その他の包括利益のリサイクリング処理および当期純利益に関する項目」が論点となっている。

　現行のIFRSでは，その他の包括利益に認識する項目に関して，リサイクリング処理をする場合とノンリサイクリングとする場合とが混在している状況にある[13]。現状で実施されているエンドースメント手続は，既存のIASBの定めた会計基準および解釈指針を検討し，その他の包括利益に関するノンリサイクリングは「削除または修正」を行うと提案された。

　わが国では，IFRSが任意適用開始されてからある一定期間が経過しているが，この間にIFRSの個々の基準に対してさまざまな意見が出され，これまでIFRSの個々の基準を市場関係者より公式かつ包括的な検討は行われてこなかったと評されている（小賀坂，2014，26～28頁）。

　今後はこのエンドースメント手続を通して，市場関係者を含めた検討が行われていくと予想され，特に投資家の株主価値評価の視点が多様化するなかで，その他の包括利益をリサイクリング処理する意義は大きいと考えられる。

　また，JMISでは「その他の包括利益の会計処理」に関して，次の3項目をリサイクリングしなければならないと定めている。

① その他の包括利益を通じて公正価値で測定する資本性金融資産への投資の公正価値の変動
② 純利益を通じて公正価値で測定する金融負債の発行者自身の信用リスクに起因する公正価値の変動
③ 確定給付負債または資産の再測定

　もっともこれらの項目をリサイクリング処理とするか，またはノンリサイクリングとするかは争点となる事項を内包している。なぜならば，これらの項目は，その他の包括利益と認識する場合であっても，または当期純利益と処理する場合であっても，投資の公正価値の変動は一度だけ認識するべきであり，またリサイクリングをする時期は不明確性が内在すると考えられているからである。

　これに対するASBJの意見は，当期純利益は企業の包括的かつ総合的な業績を示さなければならず，その他の包括利益項目はリサイクリングの実施によって現行の純利益と同質な項目に位置づけられると主張している。また，特に純損益は，投資目的に応じた投資の成果を示すべきでなければならないという立場から，ASBJでは「その他の包括利益」のリサイクリング処理の実施を要求している（辻山，2014，40頁）。

4 表示方式に関する項目

　包括利益計算書の表示方式は，「1計算書方式」と「2計算書方式」があり，現在，これらが混在している状況にある。

　現行のIFRSおよび米国財務会計基準審議会（Financial Accounting Standerds Board：FASB）では，「1計算書方式」と「2計算書方式」をともに認めており，このうちFASBでは「株主持分変動計算書」に表示する方法も認められている。

　IFRSでは，2007年の「財務諸表の表示」（IAS第1号）の改訂の際に，「1計算書方式」への一本化が原則となっているが，当期純利益と包括利益とを

明確に区別する「2計算書方式」を選好する関係者が多かったため,両者の選択適用が容認されている(IASC, 2001, IAS1, par.10A)。

IASBとFASBが2008年10月に共同で公表したディスカッション・ペーパーでは,「1計算書方式」に一本化する提案が示されている。また,両審議会は,金融商品会計基準の見直しに合わせて,「1計算書方式」への一本化を財務諸表表示のプロジェクトの他の項目と切り離し,先行して行う方向で2010年5月に公開草案を公表している。

わが国の議論の中で,論点整理および2010年会計基準の公開草案に対するコメントでは,当期純利益を重視する観点から,「1計算書方式」では包括利益が強調されすぎる可能性がある等の理由で,当期純利益と包括利益が明確に区分される「2計算書方式」を支持する意見が多く見られていた[14]。他方で,「一覧性」,「明瞭性」,「理解可能性等」で利点があるという理由より,「1計算書方式」を支持する意見も示されている。

これらの検討の末,わが国の会計基準では,多数の支持を得た「2計算書方式」とともに,「1計算書方式」の選択も認めるという立場をとっており,前述のような「1計算書方式」の利点に加え,以下の3点が考慮されている。

① 現行の国際的な会計基準では両方式とも認められていること。
② IASBとFASBとの検討の方向性を踏まえると,短期的な対応で1計算書方式を利用可能とすることがコンバージェンスに資すると考えられること。
③ 1計算書方式でも2計算書方式でも,包括利益で表示される内容は同様であるため,選択制にしても比較可能性を著しく損なうものではないと考えられること。

さらに包括利益を表示する計算書の名称は,IASBでの検討状況も踏まえた変更をするべきとした指摘もあり,この点も斟酌して計算書の名称を変更する検討が行われてきた。

具体的には,2011年6月公表の改訂IAS第1号で,包括利益を表示する計

算書が純損益とその他の包括利益という2つの構成部分からなる性質を明確にするため,包括利益計算書の名称を変更し,「1計算書方式」の場合は「純損益およびその他の包括利益計算書」に,「2計算書方式」の場合は,「純損益計算書」と「純損益およびその他の包括利益計算書」とした。現行の名称を維持する案のほか,改訂 IAS 第1号を参考にして名称を変更する案などの比較検討が行われてきた。

　ここでの審議の結果,改訂 IAS 第1号との整合性をはかる観点や,当期純損益を重視する姿勢をより明確に示す観点から名称を見直すべきという意見が出された。2010年会計基準では,当期純損益の重要性を意識して,当時のIAS 第1号での名称とは異なる名称を採用した事項や,現行の名称が実務で定着しつつある状況,さらには改訂 IAS 第1号では他の名称を使用する項目も容認された事実を勘案し,2012年改正会計基準で現行の計算書の名称を維持する内容が示された(萩原,2010,73～75頁)。

Ⅳ 減損会計基準の体系理論—減損会計導入の背景—

　1990年代後半,わが国では連結財務諸表,キャッシュ・フロー計算書,退職給付会計,税効果会計,金融商品会計などの会計基準が整備され,いわゆる「会計ビッグバン」と称される会計改革が行われてきた。これらの基準の整備の後に,企業会計審議会より「固定資産の会計処理に関する論点の整理」(2000年6月)が公表された。2002年8月には意見書の公表,2003年10月には ASBJ より適用指針が公表され,2005年4月1日以降開始される事業年度より減損会計の処理が強制適用となった。

　減損会計とは,企業において使用している固定資産価値が,物理的理由や経済的環境の変化などによって収益性が低下し,資産の投資額である簿価を回収できなくなった場合に,減損の兆候をもって当該資産の簿価を回収可能価額まで評価減し,当該評価額を「減損損失」として当期の損益計算書の特

出典：桜井（2018, 190～191 頁）をもとに作成。

別損失に計上する会計処理をいう（**図表6-4**）。

　減損会計基準制定の審議過程を概観すれば，景気低迷を危惧した産業界・政界からの適用延期等の消極的圧力[15]が随所に散見され，わが国の減損会計基準は政治的圧力のなかから醸成されてきた経緯をみることができる。

　バブル経済崩壊以後，地価の下落に伴って，取得原価で計上されていた固定資産の帳簿価額と時価に大きな乖離が生じ，多くの企業で含み損が内包される事実が問題視されるようになった。また，IFRS や FASB でも減損会計が整備され，会計基準のコンバージェンスの機運も高まり，わが国における減損会計の基準整備が進展してきた（森, 2017, 60～61 頁）。

　減損会計は，事業資産に対する投資原価のうち収益に貢献せずに消滅した部分を，収益に貢献した部分とは別枠で損失計上を行うための手続きと位置づけられている。つまり会社の費用や損失に対して，収益に貢献した部分と貢献しなかった部分とを区別すべしという通念が現行ルールの体系と深く関わっている。しかしここで問題となるのが，減損処理で用いられる使用価値（資産の使用によって得られる将来キャッシュ・フローの割引現在価値）が将来の長期にわたる企業独自の見積りに起因するかという点であろう。企業独自の見積りでは，不確実性が高く検証可能性も低くなると解され，通常は正味売却価額より価額が大きくなる傾向がある。なぜならば，使用価値のほうが低い場合には市場で売却してしまう合理性が勝るため，現存する有形固定資産の使用による投下資本の回収をはかるからである。

　また，有形固定資産を保有する企業は，減損損失の計上を回避するため，

将来キャッシュ・フローを高めに算出するインセンティブを持つと想定される。したがって，使用価値による将来キャッシュ・フローの算出は不確実性が介在する可能性が高いと考えられている（鈴木，2017，46〜47頁）。

もっとも，資本設備に関する投資原価は，従来，収益への貢献が期待できなくなった部分を正規の減価償却手続きから除外し，別枠での減損計上を要求する明示的なルールが存在しなかった。したがって，減損処理に代替される手続きは，過年度損益修正という手順をもって償却不足額の切下げや臨時償却での手続きの実施により減損処理に類似した処理を行ってきた。

上述したとおり，減損処理は収益性の低下に着目して資産の減価処理を行う行為であるため，本来の目的を達成したものではない。しかし，減損処理に類似すると解された臨時償却等の実施によって，減損処理が目的とする投資原価に内在する収益に貢献できなくなった部分を切り捨てるという機会を逸していたと解される。

「企業会計原則と関係諸法令との調整に関する連続意見書 第三 有形固定資産の減価償却について」は，「三 臨時償却 過年度修正」で，臨時償却の手続きを「減価償却計画の設定に当たって予見することのできなかった新技術の発明等の外的事情により，固定資産が機能的に著しく減価した場合には，この事実に対応して臨時に減価償却を行う必要がある。この場合から生ずる臨時償却費は，所定の減価償却計画に基づいて規則的に計上される減価償却とは異なって原価性を有せず，過年度の償却不足に対する修正項目たる性質を有することから，これを剰余金計算書における前期損益修正項目として処理する」と記している。当該記述からすると，「連続意見書」は，臨時償却の手続きが行われる場合に，投資期間全体を通じた投資額の回収可能性が保たれている状況下で，もっぱらキャッシュの回収に要する期間が短縮された影響を反映させるための修正手続きではないと示している意図がうかがえる。むしろ投資期間を通じた投資額の回収可能性が損なわれている状況を鑑みて，同時にキャッシュの回収を期待しうる期間も短縮された影響を反映させるための手続きと考えられていると解することができる。

企業にとって予想外の不利な環境変化が臨時償却の契機である旨の記述が，上記のような解釈を支えていると考えられる。この解釈によれば，臨時償却の手続きは，投資期間全体を通じた投資額の回収可能性が，キャッシュの回収が見込まれる期間の短縮を伴って損なわれた場合に限って，有用性を失った投資原価を切り下げるための手続きとしての性質を有する。いわば，臨時償却の手続きは，減損処理の本格的な導入に先立って「減損処理のさきがけ」とみなされる（米山, 2008, 196〜197頁）。

　減価償却と減損会計は根本的に資産の減価をとらえる視点に相違点がみられ，減損会計は資産を時価評価するという性質を内包しつつも，時価会計では資産の評価益または評価損を認識するのに対し，減損会計では資産の簿価を下方にのみ切り下げる特質を有し，これは棚卸資産の評価減と同様の扱いととらえられる。減損会計は資産価値の変動によって利益を測定したり，決算日における資産価値を貸借対照表に反映させる目的ではなく，あくまでも取得原価基準の下で行われる帳簿価額の臨時的な減額であると解されている（辻山, 2002, 38〜39頁）。

　また，減損会計に関連して，のれんの資産計上後の処理を，日本基準では20年以内にその効果の及ぶ期間にわたって定額法その他の合理的な方法により規則的に償却を実施すると規定している。

　一方で，米国基準およびIFRSでは，のれんの償却は行われず，少なくとも毎年1回は減損テストを実施しなければならない。同様に日本基準でも，のれんは減損処理の対象となり，減損の兆候があるときのみ減損の判定が行われる（田中, 2017, 15頁）。

　近年，巨額の「のれん」の減損損失が計上され，証券市場で企業の株価に大きな影響を与える「のれん減損サプライズ」の事例が増加している。

　のれんの減損損失計上には，さまざまな要因が考えられる。例えば，市場環境の変化によって買収した企業の業績が急速に悪化する要因や，買収金額の設定が高すぎる要因から生じる減損損失の計上など，多数の事例がみられる（太田, 2017, 29頁）。

減損会計をめぐる業界意見

　固定資産の減損処理をめぐっては，多くの先行研究がみられる。もっとも先行研究で採用されているアプローチには偏りが散見され，いまだ十分な研究成果が蓄積されていない領域も存在する。

　特に，減損会計の導入に対して，産業界からの意見は，(a)余裕を持った期間設定の必要性，(b)税務上の考慮（減損損失の損金算入），(c)資産のグルーピングに関して経営者の裁量の余地が大きくなる，(d)減損損失を計上した後の戻し入れの是非に対する意見が寄せられ，産業界は減損会計の導入に対して総じて慎重な姿勢を示してきた（森, 2017, 60〜61頁）。

　例えば，「第3回 減損会計および時価評価の適用に関する緊急検討」では，清水俊二（社団法人不動産協会）より，固定資産の減損に関しては，適正な会計処理により投資者に的確な情報を提供する重要性には理解を示しつつ，一方で当時のデフレ進行に歯止めがかかっていない経済状況を勘案して，減損会計の導入には慎重な検討の実施を求め，さらに会計実務や税制上の措置を講ずる提言をしている。

　また，建設業界からは，減損会計の導入延期に肯定的な意見を示し，経営者における設備投資に対する姿勢が過度に慎重になると懸念されてきた。経済に活力がなくなり，すでに保有している資産の売却が促進し，売却のスピードの加速と不動産価格の下落がスパイラルに働くことが危惧された。同様に，生命保険業界などでも減損会計の開始時期を延期させるべきとした意見が述べられている。

　一方で，減損会計適用の延期に反対的な意見も散見され，その意見のなかで，2005年の強制適用までの十分な期間をもって企業がすでに減損会計の実施に備えた経営戦略を立案・実行している事実や，減損会計の導入延期をした場合の国際社会から受けるデメリットのほうが大きい旨が宣明されている。

　それは貿易業界でも，減損会計の導入は会計の透明性を高める効果がある

事実に鑑みて，国際的な会計基準との調和をはかり，国際的な信頼性の向上をはかる重要性を示し，会計ビッグバンの潮流に逆行するかのような減損会計適用延期論に対して否定的な見解を示している。

なお日本商工会議所は，当時のわが国経済に極めて深刻な打撃をあたえている資産デフレの現状に鑑みて，減損会計適用を延期する提案をしている。

最後に日本銀行は，資産の継続的使用によって生じる将来キャッシュ・フローの現在価値を算出する使用価値の概念に関して，透明で公正な企業情報の開示という評価を示しつつ，適用時期は適宜見極めていく必要があると宣明している。

VI むすび

ステークホルダーの範囲が，国内的なものから国際的なものにまで拡大しているなかで，ステークホルダーの関心が国内での財務情報の入手のみならず，国際的な財務諸表の比較可能性の確保にまで拡大しつつある。

本章では，まず国際会計基準をめぐる理論的な展開のなかで，わが国の会計基準と国際的な会計基準とのコンバージェンスの動向を概観してきた。

わが国の会計と国際会計の間で意見が異なる争点として，包括利益計算書の組替調整（リサイクリング）とのれんの償却がクローズアップされており，特に，のれんの償却は，規則償却を行うか，または減損に委ねるかといった議論になっている点から，本章において取り上げた。

包括利益は，その開示が制度会計上どのような意義を内包し，いかなる影響をあたえるのか，さらにどのような課題を新たに提起するのかを考察し，リサイクリングについても触れてきた。

具体的には，包括利益をめぐる論点は，当期純利益か包括利益かといったいずれか一方を開示するという視点ではなく，両者ともに開示していく視点に基づいて，当期純利益とその他の包括利益を含んだ「包括利益」を開示し

ていく方向性で論述してきた。

　「その他の包括利益」を経営上の成果とする事項に関しては，実現主義の観点からの脆弱性は内包しつつも，ステークホルダーへの透明な情報提供性という点に基づき，それの開示によって，例えば投資家における投資判断に資すると考えられる。

　また，「その他の包括利益」の必要性は，純利益の信頼性を補完する意味で包括利益を表示するという意見や，包括利益における情報価値の脆弱性に疑いを持ち，純利益のみを表示するという意見もあるが，むしろ2つの利益の開示によって，両者の信頼性が高まると考えられる。

　減損会計は，減価償却計算と適正な帳簿価額を算出する帰結において相互補完的な関係にあり，適正な減価償却計算によって適正な帳簿価額の算出を可能にし，また適正な減損損失額の計上によって，それ以降の減価償却費に影響させうる財務諸表の開示にとって重要な事項となろう。

　この場合における減価償却計算は，固定資産の取得価額を当該資産の耐用年数期間にわたって規則的に費用配分する計算手続きである。減価償却システム下で行われてきた臨時償却は，減価償却計算の基礎で用いられる耐用年数や残存価額を，予見不可能な原因等により著しく不合理となった場合に採用される会計処理であり，あくまで減損会計の領域内の会計処理というよりは，一時的に行われる減価償却累計額の修正であると考えられる（辻山, 2002, 41頁）。

　さらに減損会計は，前述したとおり，日本基準とIFRSの間で，のれんの償却／非償却をめぐる議論にも大きな影響を及ぼす事項である。IFRSではのれんの規則償却は実施せずに減損会計の適用に委ねている状況下にあり，このような観点からも減損会計の企業会計における影響は大きい。

　今後，わが国の会計基準はIFRSとの統合化が加速度的に進展していくことが想定される。分析視角でも示したように，IFRSを適用する際には，詳細なルールベース（細則主義的 rule base）ではなく，原則ベース（原則主義的 principle base）でのアプローチが必要となる。原則ベースでのアプローチ

では，詳細な会計基準に従った会計処理の実行ではなく，会計の報告主体が会計処理の重要性なども含めて，会計基準が達成しようとする目的を十分に理解したうえで，ステークホルダー（財務諸表利用者）に対して目的適合的で忠実な表現ができているかを自ら判断しなければならない能力が求められていくと考えられよう（鶯地，2017，24頁）。

注

1) IASBは1973年に設立された国際会計基準委員会（International Accounting Standards Committee：IASC）から，2011年に改組された。
2) 正式名称は「国際会計基準と企業会計基準委員会による修正会計基準によって構成される会計基準」であり，わが国におけるIFRSの任意適用を促進するための方策として，国内承認（エンドースメント）手続きの一環となるべく公表された。
3) 収益について，財貨・サービスの引き渡し（提供）と，対価の貨幣性資産の受領をもって認識することを要件とする。
4) 例えば，包括利益の表示によって，未実現利益の選択的実現となる益出しを抑制する効果が期待できると考えられている。
5) 益出しの資源をその他の包括利益残高と表示することは，作成コストが特段に大きくないと認められるのであれば，一定の意義があるとした解釈も散見される。
6) 益と包括利益に差異がある場合，この差異は長期的にはゼロに収束していく性質を有し，2つの利益の開示によって，お互いの将来の予測可能性を高める機能を内在しているとした見解もある。
7) いわゆる1計算書方式か2計算書方式かといった表示上の区分をいうのではなく，利益概念という視点からのアプローチをしており，特に「その他の包括利益」の内容に関して，例えばその他有価証券評価差額金，繰延ヘッジ損益，退職給付に係る調整累計額，為替換算調整勘定の項目についてオンバランスされるべき能力を有しているか否かという視点から論じている。
8) 貸借対照表で計上される資産や負債の価額を算定するための評価算定基準の1つであり，一般に市場価格よりも広い概念ととらえられる。
9) 保守主義の観点から，これまで低価法に基づく銘柄別の評価差額の損益計算書への計上が認められてきた。このような考え方を考慮し，時価が取得原価を上回る銘柄の評価差額は純資産の部に計上し，時価が取得原価を下回る銘柄の評価差額は損益計算書に計上する方法も採用できる。具体的には，全部純資産直入法にはすべてが純資産に計上され，部分純資産直入法は正の評価差額が純資産の部に計上され，負の評価差額は損益計算書に計上される。
10) ヘッジ損益の認識は，時価ヘッジと繰延ヘッジがあり，時価ヘッジとは当期にヘッジ取引損益を計上し，繰延ヘッジでは純資産の部に計上される方法である。その他の包括利益では，繰延ヘッジから発生する評価差額のみが対象となっている。
11) 過去勤務費用は，当該発生年度から平均残存勤務期間以内に，数理計算上の差異も同様

に，発生年度から平均残存勤務期間以内の一定の年数で定額法（原則）により費用処理される。なお，数理計算上の差異は当期の発生額を翌年から費用処理することも認められている。
12) 数理計算上の差異における割引率は，1999年会計基準の同注解（注6）なお書きにより，「割引率は，一定期間の債券の利回りの変動を考慮して決定することができる」と明示されていた。これは，期末における利回りを基礎とする原則的な考え方に立脚している。しかし相当長期間にわたって割り引かれる性質を持つ退職給付債務に関して，期末一時点の市場利回りで割り引くのが必ずしも適切とはいえない場合がある事実が考慮されていたためと考えられる。一定期間の利回りの変動を考慮して決定される割引率が，期末における市場利回りを基礎に決定される割引率よりも信頼性があると合理的に説明するのは通常困難であると考えられ，国際的な会計基準とのコンバージェンスを推進する観点も踏まえ，2008年に公表された企業会計基準第19号（2012年5月17日公表の企業会計基準第26号の適用により廃止）では，1998年会計基準注解（注6）の定めに基づいて，なお書きを削除し，また，割引率は期末の利回りを基礎とする事項を明示するよう改正をした経緯がある。
13) リサイクリングを行う意義は，経営者の恣意性が混入するおそれがあり，時価評価差額を多大に含む包括利益を企業業績かのように表示すれば，貨幣的な根拠を有しない配当規制等が行われることを回避するためと考えられる。すなわち包括利益計算の過程にリサイクリングの組み込みを行い，貨幣的な裏づけを有する当期純利益を表示せしめる効果の発現を認識できる。
14) ボトムラインである包括利益が過度に強調されるとした見地より，結果的に2計算書方式を指示する意見があると考えられる。
15) 例えば，2003年3月に「固定資産の減損に係る会計基準の適用指針の検討状況の整理」が公表された当時の日経平均株価は7,973円（2003年3月31日現在）となっており，2003年4月のソニーの決算発表をきっかけに，日経平均株価がバブル崩壊後の最安値を2日連続で更新し，日本経済の先行きは不透明感を増していた。

参考文献

IASC（1998）*Employee Benefit*, International Accounting Standard 19, IASC.
IASC（2001）*Presentation of Financial Statement*, International Accounting Standard 1, IASC.
伊藤邦雄（2011）「包括利益開示の意義・影響・課題」『企業会計』第63巻第3号。
伊藤眞（2011）「為替換算調整勘定に関する実務上の留意点」『企業会計』第63巻第3号。
鶯地隆継（2017）「IFRSのこれから―IASBの戦略的・長期的課題―」『企業会計』第69巻第8号。
太田実佐（2017）「数値例でわかるのれん減損サプライズ」『企業会計』第69巻第7号。
尾崎安央（2017）「連単分離は暫定的政策か」『企業会計』第69巻第8号。
小澤元秀（2011）「数理計算上の差異等の処理に関する実務ポイント」『企業会計』第63巻第3号。
川村義則（2004）「純利益と包括利益」『企業会計』第56巻第1号。

企業会計基準委員会「減損会計および時価評価の適用に関する緊急検討・議事要旨」。
小賀坂敦（2014）「修正国際基準（JMIS）の公開草案―エンドースメント手続の意義を中心として―」『企業会計』第 66 巻第 11 号）。
斎藤静樹（2015）「なぜ，いま利益の概念が問われるのか」『企業会計』第 6 巻第 9 号。
桜井久勝（2018）『財務会計講義〔第 19 版〕』中央経済社。
鈴木卓也（2017）「固定資産の減損」『企業会計』第 69 巻第 5 号。
田中建二（2017）「東芝事例にみるのれんの減損をめぐる課題」『企業会計』第 69 巻第 7 号。
田中久夫（2005）『商法と税法の研究―会計包括規定と計算実体規定の比較―』森山書店。
辻山栄子（2002）「減損会計の基本的な考え方」『企業会計』第 54 巻第 11 号。
辻山栄子（2014）「修正国際基準をめぐる課題」『企業会計』第 66 巻第 11 号。
角ヶ谷典幸（2015）「会計観の変遷と収益・利益の認識・測定パターンの変化」『企業会計』第 67 巻第 9 号。
萩原正佳（2010）「包括利益の表示に関する会計基準について」『企業会計』第 62 巻第 9 号。
森淘汰（2017）「日本における減損会計の政治的問題」『企業会計』第 69 巻第 3 号。
米山正樹（2008）『会計基準の整合性分析』中央経済社。

事項索引

英数

AFL ································ 30, 31
AFL-CIO ······························ 31
ASBJ ··························· 108, 126
ASPA ·································· 31
CIO ······························· 31, 36
EVP ··································· 17
FASB ··························· 109, 137
IASB ··························· 108, 124
IASC ································· 114
IFRS ··························· 104, 124
IRRA ························· 31, 39, 43
JMIS ································· 127
LERA ······························ 31, 43
ROI ················ 58, 60, 62, 64-66, 70
4Ps ························· 51, 52, 56, 63

あ

アメリカ人事管理協会（ASPA）········ 31
アメリカ労使関係研究学会（IRRA）····· 39
アメリカ労働総同盟（AFL）········ 30, 31
アメリカ労働総同盟・産業別組合会議
　（AFL-CIO）···························· 31

閾値 ···································· 79
意思決定プロセス ··················· 78, 84
一航海一企業 ························· 102

演繹的アプローチ ···················· 114

オイルショック ······················· 42

か

会計ビッグバン ······················ 126
概念フレームワーク ·················· 113
外部探索 ······························ 79

科学主義 ······························ 91
科学的管理 ······················ 2, 19, 32
科学的管理排斥運動 ··················· 33
課業管理 ························ 3, 4 19, 32
可謬主義 ······························ 92
為替換算調整勘定 ···················· 133
感情の論理 ······························ 7
完全合理性 ··················· 82, 85, 86, 93
完全情報 ······························ 86
管理会計 ······························ 98

期間損益計算構造 ···················· 101
企業会計基準委員会（ASBJ）······ 108, 126
企業会計原則 ························· 125
企業別組合 ····························· 27
競争戦略論 ····························· 12
競争優位 ······················· 12, 16, 20
協調的労使関係思想 ············ 30, 32, 33

偶然性（販売の）······················ 55
口別利益計算構造 ··············· 101, 102
組替調整（リサイクリング）········· 136
クリーン・サープラス関係 ············ 107
繰延ヘッジ損益 ······················ 132

経営コンサルタント ············ 50, 56, 57
経営戦略論 ····················· 9, 10, 12
計画部制度 ··························· 3, 4
傾向性 ································ 90
経済人 ································ 84
経済人モデル ····················· 3, 6, 19
継続企業 ····························· 102
決定論 ····················· 66, 85-87, 91, 93
決定論的予測 ············· 85, 87-89, 91, 92
減価償却 ····························· 141
現金主義的利益計算構造 ············· 103
減損会計 ························· 126, 139

149

限定合理性 ………… 74, 82-87, 89, 91, 93, 94	市場 ……………………………………… 76, 92
原理的説明 …………………………………… 90	市場取引 ……………………………………… 54
	自然科学 ………………………………… 86-88
行為 ………………………………………… 92	実験（テスト）…………………………… 61, 70
交換 ………………………………… 53-55, 63, 69	実現原則 ……………………………………… 106
公式組織 ……………………………… 6, 9, 40	指導票制度 ………………………………… 3, 4
交渉力 ………………………………… 28, 29, 44, 45	社会科学 ………………………………… 86-89
公正労働基準法 ……………………………… 31, 36	社会人モデル …………………………… 7, 19
高賃金・低労務費 ……………………… 3, 4, 32	社会保障法 …………………………………… 31
行動 ………………………………………… 92	収益費用アプローチ ……………………… 107
行動科学 ……………………………… 8, 30, 43	収益費用観 …………………………………… 112
行動科学的人事管理論 …………………… 9, 19	従業員価値（訴求）提案（EVP）……… 19
行動科学的労使関係管理論 ……………… 41	修正国際基準（JMIS）…………………… 127
行動経済学 …………………………………… 84	集団の労使関係 ……………………… 21, 43-45
購買意思決定プロセス ………………… 77, 78	集中性 …………………………………… 28, 29, 44
購買行動 ………………………………… 76, 77	小集団管理 ……………………………… 8, 19
購買後行動 ……………………………………… 76	消費者 …………………………………………… 75
国際会計基準委員会（IASC）……… 114	消費者行動 ……………………………… 75-77, 89
国際会計基準審議会（IASB）…… 108, 124	将来の予測不可能性 …………………… 58, 59
国際財務報告基準（IFRS）……… 104, 124	初期条件 …………………………… 61, 62, 66
個別的労使関係 ……………………… 21, 43, 44	職業別組合 …………………………………… 27
雇用関係学会（LERA）………………… 31, 43	職能的職長制度 …………………………… 3, 4
コンバージェンス ………………………… 124	職能別組合 …………………………………… 27
	所有と経営の分離 ………………………… 28
さ	人的資源管理協会（SHRM）………… 31
財産法の利益計算構造 ……………… 109, 110	人的資源管理論 ……………… 9, 11, 19, 30, 43
最終消費者 ……………………………………… 75	
財務会計 ……………………………………… 98	ステークホルダー ………………………… 98, 124
サティスファイサー ……………………… 93	
差率的出来高給制度 ……………………… 3, 4	精神革命 ……………………………………… 4, 32
産業消費者 …………………………………… 75	静態論の会計構造 ………………………… 110
産業心理学 ………………………………… 4, 30	制度 ………………………………………… 90, 94
産業別組合 …………………………………… 27	説明 …………………………………………… 61
産業別組合会議（CIO）………………… 31, 36	説明項 …………………………… 62, 65, 66
	全国産業復興法 ……………… 31, 35, 37, 45
資源ベース理論 …………………………… 14	全国労働関係法 …………………………… 31, 35
自己実現人モデル ……………………… 8, 19	選択 …………………………………………… 81
資産負債アプローチ ……………………… 107	戦略的経営 …………………………………… 12
資産負債観 …………………………………… 112	戦略的人的資源管理論 …………… 12, 19, 43
支出行動 ……………………………………… 76	

150

組織購買者	75
組織的怠業	2, 4, 30, 32
その他有価証券評価差額金	131
損益計算書	99
損益法的利益計算構造	111

た

貸借対照表	99
退職給付に係る調整累計額	134
代替案の評価	79, 80
代替性	28, 29, 44
多属性態度モデル	80, 93
達成動機づけ理論	9
タフト＝ハートレー法	31, 39
タレント	14, 15, 19
タレントマネジメント論	14, 19
団結禁止法	27
探索	79, 84
単純現象	89
団体交渉	32, 34, 35
デーモン	85, 86
動機づけ―衛生理論	8
動作・時間研究	3, 4, 32
当座企業	102
投資利益率（ROI）	58, 60, 64-66, 70
動態論的会計構造	111

な

内部探索	79
成行管理	2, 4
日本的経営	11
ニューディール政策	35, 36, 44
人間関係論	6, 30, 40
人間関係論的人事管理論	7, 19
人間関係論的労使関係管理論	39
認知的不協和理論	93
能率の論理	7
のれん	142
のれん減損サプライズ	142

は

パーソネル	5
ハーバード・グループ	10, 19, 31
パターン	90, 91
パターン認識	89-91
パターン予測	90-92
発生主義的利益計算構造	104
パブ	26
反復購買	82
非決定論	87, 91
非公式組織	7, 40
被説明項	62, 65, 66
被覆法則モデル	62, 66, 70
ヒューリスティクス	80, 84, 85
費用の論理	7
不可欠性	28, 29, 44
不確実性（市場（販売）の）	55, 56, 68
複雑現象	89-92
福祉運動	5, 6
普遍法則	61, 62
ブランド選択	76, 77
ブルーカラー	8, 19, 42
分離型	80
米国財務会計基準審議会（FASB）	109, 137
包括利益	130
包括利益計算書	128, 129, 137
ホワイトカラー	8, 19, 42

ま

マーケティング	51, 68
マーケティング・ミックス	52, 53, 69

マキシマイザー 93
マッキンゼー 14, 15, 19
満足化 84, 85

ミシガン・グループ 12, 19, 31

無形の資産 14, 15, 22

モラール 6
問題（ニーズ） 78, 79
問題認識 78, 79

や

有形の資産 15, 21

予測 61, 64-67
欲求理論 8, 40, 41

ら

ラプラスのデーモン 86, 93

ランドラム＝グリフィン法 31, 39

理論 61, 62, 65-68
理論の実用性 66, 67, 69
理論負荷性 71
臨時償却 141

連結型 80

労使関係管理論 30
労使関係研究学会（IRRA） 31, 39, 43
労働管理 3
労働者管理 8
労働者の機械視 4, 21
労働力管理 6, 19

わ

ワグナー法 31, 35, 37, 39, 46

人名索引

あ

アインシュタイン（Einstein, A.） …… **86**, 93
阿部周造 ……………………………………… 70
アンゾフ（Ansoff, H.I.） ……………………… 10
アンドリューセン（Andreasen, A.R.） … 77
エンゲル（Engel, J.F.） …………… **77**, 78, 92

か

ギーゲレンツァー（Gigerenzer, G.） …… 93
コトラー（Kotler, P.） ……………… **50**, 53, 54
コラット（Kollat, D.T.） ………………… **77**, 78

さ

サイモン（Simon, H.A.）
　……………………… 74, **82-85**, 87, 89, 93
シェス（Sheth, J.N.） ……………………… 77
シュワルツ（Schwartz, B.） ……………… 93
スタグナー（Stagner, R.） ……… 31, **40**, 41
スペクター（Spector, B.） ……………… 10, 21
セレクマン（Selekman, B.M.） … 31, **37**, 46

た

ダンロップ（Dunlop, J.T.） ……………… 31
チャンドラー（Chandler, A.D, Jr.） …… 10
ティード（Tead, O.） ………… 5, 19, **31**, 34
ティッキー（Tichy, N.M.） ……………… 12
テイラー（Taylor, F.W.） … 2, 19, **28**, 31, 32
デバナ（Devanna, M.A.） ………………… 12
デューイ（Dewey, J.） …………………… 92
ドラッカー（Drucker, P.F.） ……………… 52

な

ナイト（Knight, F.） ……………………… 70
ニコシア（Nicosia, F.M.） ……………… 77
ニューエル（Newell, A.） ………………… 84
ニュートン（Newton, I.） ………………… 86

は

ハーズバーグ（Herzberg, F.） ……………… 8
バーニー（Barney, J.B.） ………………… 14
ハイエク（Hayek, F.A.） ……… **89-92**, 94
ハワード（Howard, J.A.） ……………… 77
ビアー（Beer, M.） ……………………… 10, 21
ピゴーズ（Pigors, P.） ……………… 7, **19**, 31
フェスティンガー（Festinger, L.） …… 93
フェラン（Phelan, K.） …… 50, 56-62, **64-70**
フォムブラン（Fombrun, C.J.） ………… 12
ブラックウェル（Blackwell, R. D.）
　………………………………………………… **77**, 78
ベットマン（Bettman, J.R.） ………… **77**, 92
ヘンペル（Hempel, C.G.） ……………… 70
ポーター（Porter, M.E.） ………………… 12
ボーデン（Borden, N.H.） ……………… 69
堀田一善 …………………………………… 69
ポパー（Popper, K.R.） …………………… 70

ま

マイヤーズ（Myers, C.A.） ………… 7, **19**, 31
マグレガー（McGregor, D.） ……………… 8
マズロー（Maslow, A.H.） ……………… **8**, 41
マッカーシー（McCarthy, E.J.） …… 51, 63
マックレランド（McClelland, D.） ……… 9
メイヨー（Mayo, G.E.） …………………… 6
メギンソン（Megginson, L.C.） … 8, **19**, 31, 46
メトカーフ（Metcalf, H.C.） … 5, 19, **31**, 34

や

ヨーダー（Yoder, D.） ……………… 21, **31**, 36

ら

ラプラス（Laplace, P-S.） ……… **86**, 87, 93
レスリスバーガー（Roethlisberger, F.J.） … 6
ローゼン（Rosen, H.） …………… 31, **40**, 41

【執筆者紹介】(執筆順)

岡田　行正（おかだ・ゆきまさ）〔担当：第1章・第2章〕
1967年　広島県尾道市生まれ
広島修道大学大学院商学研究科博士後期課程修了
北海学園大学専任講師（1997年），助教授（1998年），教授（2007年）を経て2010年より現職。
現　在：広島修道大学商学部教授
　　　　広島修道大学大学院商学研究科教授
　　　　博士（経営学）
主　著：『価値創発（EVP）時代の人的資源管理』（共著）ミネルヴァ書房，2018年
　　　　『経営学の定点（増補改訂版）』（共編著）同文舘，2018年
　　　　『アメリカ人事管理・人的資源管理史（新版）』（単著）同文舘，2008年

松尾　洋治（まつお・ようじ）〔担当：第3章・第4章〕
1976年　広島県広島市生まれ
慶應義塾大学大学院商学研究科博士後期課程単位取得
名古屋商科大学専任講師（2007年），准教授（2010年）を経て，2015年より現職。
現　在：広島修道大学商学部准教授
　　　　広島修道大学大学院商学研究科准教授
主　著：『マーケティング理論の焦点──企業・消費者・交換──』（共編著）中央経済社，2016年
　　　　『戦略的マーケティングの構図』（共著）同文舘，2014年
　　　　『マーケティング研究の展開』（共著）同文舘，2010年

山﨑　敦俊（やまざき・あつとし）〔担当：第5章・第6章〕
1973年　群馬県前橋市生まれ
作新学院大学大学院経営学研究科博士後期課程単位取得
保健医療経営大学准教授（2011年），広島修道大学准教授（2014年）を経て，2018年より現職。
現　在：広島修道大学商学部教授
　　　　広島修道大学大学院商学研究科教授
　　　　博士（経営学）
主　著：『新会社法対応「精算表」完全理解ベーシック簿記テキスト』（共著）税務経理協会，2007年
　　　　『会計学を学んだあとの法人税法セミナー』（共著）学陽書房，2004年
　　　　『現代企業　法と会計の周辺事情』（共著）税務経理協会，2002年

| 2019年3月15日　初版発行 | 略称：マネジメント系譜 |

マネジメントの理論と系譜

		松　尾　洋　治
著　者	Ⓒ	山　﨑　敦　俊
		岡　田　行　正
発行者		中　島　治　久

発行所　**同文舘出版株式会社**
東京都千代田区神田神保町 1-41　〒101-0051
営業 (03) 3294-1801　編集 (03) 3294-1803
振替 00100-8-42935　http://www.dobunkan.co.jp

Printed in Japan 2019　　　　　　DTP：マーリンクレイン
　　　　　　　　　　　　　　　印刷・製本：萩原印刷
ISBN978-4-495-39027-3

JCOPY〈出版者著作権管理機構 委託出版物〉
本書の無断複製は著作権法上での例外を除き禁じられています。複製される場合は，そのつど事前に，出版者著作権管理機構（電話 03-5244-5088，FAX 03-5244-5089，e-mail: info@jcopy.or.jp）の許諾を得てください。